JN411875

환경과 보건

기후·환경 거버넌스와 회복력

국제지역과 개발의
다학제적 연구 총서 I

환경과 보건

기후·환경 거버넌스와 회복력

서울대학교 국제대학원 BK21 교육연구단

경인문화사

서울대학교 국제대학원 4단계 BK21 교육연구단은 "국가전략의 시대적 요구에 부응하며, 지역학과 국제개발을 선도하는 다학제적 학문후속세대 및 전문 혁신인력 양성"을 비전으로 설정하고, 이를 실현하기 위한 학제적 연구·교육 기반을 구축해 왔습니다.

교육연구단은 국제개발의 네 가지 핵심 과제와 지역학의 네 개 연구권역을 교차시키는 '개발-지역 매트릭스Development-Region Matrix'를 중심으로 연구를 진행해 왔습니다.

4개 주제: △지속가능발전 △민주적 거버넌스 △경제·사회정책 △국제협력
4개 권역: △남아시아·동남아시아 △아프리카 △중남미 △중동·중앙아시아 및 기타 지역

이 체계는 총 16개의 연구 교차점을 형성하며 이를 중심으로 경제학·정치학·사회학·역사학·인류학·국제법 등 인문·사회과학의 다양한 전문영역을 유기적으로 통합하는 연구 및 교육 활동이 이루어지고 있습니다. 각각의 연구는 참여교수와 학생들이 공동으로 진행하고 있으며, 주제에 따라 현지조사도 함께 이루어지고 있습니다.

교육연구단이 2021년부터 추진해 온 '교재개발사업'은 이러한 다학제적 기반을 실질적 성과로 제출한 대표적 사례입니다. 이 사업은 BK 참여교수와 학생이 개발·지역 사례를 중심으로 연구의 기획, 자료 수집, 분석,

집필에 이르는 전 과정을 함께 경험하도록 설계된 공동연구 프로그램입니다. 최대한 자료를 많이 수집함으로써 향후 연구와 교육의 교재로도 사용될 수 있도록 하는 것이 목표입니다. 그 결과 지난 5년간 다음과 같은 주제의 교재개발사업이 진행되었습니다.

1차년도: 지역 및 사례연구 개관

2차년도: 국제개발과 포용적 성장 (젠더·빈곤·교육 사례연구)

3차년도: 지속가능성과 그린·디지털 ODA (식량·에너지·기후변화 사례연구)

4차년도: 지역별 사례연구 (도시화·취약국·이주·인권·난민)

5차년도: 민주주의와 거버넌스 (제도적 역량·평화구축 사례연구)

이번에 발간하는 『국제지역과 개발의 다학제적 연구 총서』 제1권은 이러한 연구의 연장선에서 환경·보건 분야의 주요 의제를 심층적으로 조명하는 내용의 연구성과들이 수록되어 있습니다. 특히 본 권의 초점은 기후·환경 거버넌스와 회복력의 관점을 지역별 맥락 속에서 기후위기와 보건 이슈가 어떻게 상호작용하는지 다각도로 분석하는데 맞추어져 있습니다.

본 권에 수록된 연구들은 브라질·페루 원주민 공동체의 공동자원 관리, 브라질 파벨라의 환경 개선 노력, 아프리카 E-2020 사례의 국경 말라리아 대응, 중남미 산림복원 프로젝트의 이해관계자 참여 구조, 베트남 호찌민시의 기후 회복력 강화 전략 등 다양한 지역 사례를 통해 기후·환경·보건의 복합적 관계를 입체적으로 분석하고 있습니다. 이러한 연구들은 지역의 구체적 맥락을 고려한 분석을 바탕으로 국제협력의 방향성과 정책적 함의를 도출하며, 지속가능한 미래를 위해 필요한 제도적 기반에 대한 통찰을 제공할 수 있다고 생각합니다.

마지막으로 본 총서의 발간이 가능하도록 연구와 집필에 참여해 주신 BK 참여교수, 학생 연구진, 신진연구자께 깊은 감사를 전합니다. 본 총서가 기후·환경·보건 분야의 학술·정책적 논의를 확장하고, 지역·국가·국제사회가 지속가능하고 회복력 있는 체계를 구축하는 데 기여하는 지식 자원이 되기를 기대하겠습니다.

서울대학교 국제대학원 BK21 교육연구단 단장 박 태 균

2025년 12월

| 목차 |

1장 외부 침입과 숲의 공동자원 관리
: 브라질과 페루의 원주민 공동체를 중심으로*

곽지원**, 김종섭***

삼림 벌채와 기후 변화의 심각성이 증가함에 따라 지속 가능한 개발과 생물 다양성 보존에 대한 국제적 관심이 높아지고 있다. 생물 다양성을 보호하는 가장 효과적인 방법의 하나로 환경 관리인Environmental stewards으로 간주되는 원주민 공동체가 주목되는데, 특히, 낮은 삼림 벌채를 유지하는 원주민 토지의 중요한 역할이 강조되고 있다Dawson et al, 2021. 다수의 연구 결과는 장기적 생물 다양성 보존을 위해 원주민과 지역사회에 권한을 부여하고 지원하는 공평한 보존 관행을 촉진하는 것이 중요함을 강조하며, 이는 지역 사회의 집단 규칙과 조화를 이루는 법률 및 정책으로 보완될 때 특히 효과적이다. 그러나 IPBES2019는 원주민 공동체가 관리하는 지역이 전례 없는 도전에 직면해 있다고 경고하며, 이는 특히 원주민이 세계 토지 면적의 최소 4분의 1을 소유, 사용, 관리 또는 점유하고 있다는 점을 고려하면 심히 우려되는 바이다.

---

* 본 연구는 서울대학교 국제대학원 4단계 BK21 교육연구단『국제지역과 개발의 다학제적 연구를 통한 교재개발』의 지원을 받아 수행되었으며, 「이베로아메리카」제25권 제2호(2023)에 게재된 논문을 수정·보완한 것입니다.

** 서울대학교 국제대학원 박사과정

*** 서울대학교 국제대학원 교수

자원 부유국은 종종 천연자원 추출을 목표로 하는 정책을 추진하여 원주민 공동체를 심각하게 위협한다. 이 문제는 특히 아마존 열대우림에서 중대형 기업과 불법 자원 개발자의 침입으로 분쟁이 발생하는 브라질, 페루 등 중남미 국가에서 두드러진다. 본 연구에서는 브라질의 와자피Wajãpi와 페루의 시피보Shipibo 원주민 공동체를 집중적으로 비교 분석한다. 두 공동체는 공통으로 지속 가능한 전통적 자원 관리와 동시에 외부 불법 자원 채취자의 침입 문제를 겪고 있으나, 서로 다른 삼림 벌채율을 보여왔다. 본 연구의 목표는 외부 이용자의 존재 하에 두 원주민 공동체의 상이한 공동자원 관리 방식 그리고 이와 연결된 자원과 거버넌스의 역학을 탐구하는 것이다.

연구의 구조는 다음을 따른다. 먼저, 원주민 공동체와 삼림 벌채에 관한 선행 연구와 이론틀을 정리한다. 그 후 이론틀을 브라질의 와자피와 페루의 시피보 원주민 공동체에 적용하여 외부 이용자가 개입된 상황에서 원주민 공동체, 외부 이용자 그리고 정부와의 상호작용을 비교 분석한다. 이러한 분석을 바탕으로 생물 다양성 보존의 맥락에서 삼림벌채 감소를 위한 원주민의 영토주권, 체계적 대응, 그리고 정부와 원주민 간 협력의 중요성을 시사점으로 도출하는 것으로 끝을 맺는다.

이론적 배경

원주민 공동체와 삼림 벌채

생물다양성과 보존에 있어 원주민 공동체의 중요한 역할은 다양한 연구에서 강조된다. 생태계 보전을 위한 보호 지역Protected Areas, PA의 보존 측면에서 원주민 토지가 전 세계 보호 지역의 최소 40%를 차지하는 점을 고려할 때, 그 중요성이 더욱 증가한다Garnett et al., 2018. 특히, 와자피 원주민 토지Indigenous Land, IL의 사례에서 인구 증가와 삼림 벌채 사이의 관계는 토지 사용에 눈에 띄는 영향을 주지 않고 약한 연관성을 띠는데Campos et al., 2021, 이는 보호 지역으로 둘러싸인 와자피 사람들의 고립된 생활 조건과 전통 관습의 유지에 기인할 수 있다. 농업 토양 사용 감소와 제한된 농작물 재배 및 주거 건축을 위한 토지 개간과 같은 관행은 그들의 전통적 보존방식과 직접적으로 연결되어 있다. 이처럼 그들의 농작물 사용 관리 및 기간이 토지 이용 감소에 기여하는 중요한 요인으로 대두되었다.

원주민 공동체가 천연자원 시스템을 효과적으로 관리하기 위한 영토 주권의 중요성에 관해서도 논의된다. Dyck2019은 원주민 공동체가 정착지에 대한 역사적 경험과 마을 배치, 식량 재배 및 약초 사용에 관한 전문 지식을 바탕으로 기후변화에 적응할 수 있는 고유한 지식과 탄력성을 가지고 있음을 발견했다. 그와 동시에 동 연구는 토착 지식이 효과적으로 작용하려면 안전한 재산권에 기반한 자치가 중요함을 주장한다. 토지소유권을 확보하는 것은 지역사회가 자신의 지식을 기반으로 자치할 수 있도록 하는 원주민 자생력Indigenous resilience의 핵심이 된다Cronkleton and Larson, 2015; Finley-Brook, 2016; Whyte, 2016. 더 나아가, Linke et al.2020은 국가 정책 및 지침 프레임워크가 원주민 공동체에 통제권을 부여하고 비판적 사고를 촉진하며 사회적 권력의 역학을 재구성함으로써 토착 공동체에 권한을 부여할 수 있는 잠재력이 있음을 강조한다. 동 연구는 원주민 공동체의 사회적 권한 부여를 촉진하는 데 있어서 토착 보호구역의 환경 및 영토 관리를 위한 브라질의 국가 정책PNGATI[1]의 역할을 그 예시로 든다.

---

1 National Policy for Environmental and Territorial Management of Indigenous Lands(A Política Nacional de Gestão Ambiental e Territorial, PNGATI)

오스트롬의 사회생태체계SES 틀과 공동자원 관리

지역공동체의 효과적인 공동자원Commons관리에 관해 엘리너 오스트롬Elinor Ostrom의 주장이 주목된다. 오스트롬의 연구는 공동자원이 필연적으로 과잉 개발 혹은 고갈이 된다는 전통적인 '공유지의 비극' 개념을 발전시켰다. 일반적인 경제학적 결론에 따르자면, 자원에 대한 명확한 소유권과 규정이 없을 때 개개인은 장기적인 결과를 고려하지 않고 각자의 이익을 위해 자원을 고갈시킨다. 그러나 오스트롬은 특정 조건 아래 지역 공동체는 국가 규제나 민영화에 의존하지 않고도 공동자원을 효과적이고 지속 가능하게 관리할 수 있다고 주장한다. 특히 오스트롬의 연구는 공동체가 공동자원을 성공적으로 관리하기 위해 자체 규칙, 규범 및 제도를 수립할 능력이 있음을 보여준다. 아울러 이는 공동자원의 책임과 공평한 사용을 촉진하는 명확한 경계, 집단적 의사 결정, 모니터링, 단계적 제재, 분쟁 해결 메커니즘과 같은 핵심 요소를 강조한다. 이렇듯 오스트롬은 자치와 집단행동이 성공적인 공동자원 관리를 달성하고 지속 가능한 자원 관리로 이어지며 외부 개입이나 민영화의 필요성을 없애는 데 핵심이라고 주장한다. 그러나 자기 조직화와 관련한 공통된 구조적 특성이 분석됨과 동시에 보편적인 솔루션이나 청사진은 없다는 점 또한 강조된다. 즉, 다양한 조건으로 인해 복잡한 사회생태체계 내에서 다양한 결과가 발생한다Ostrom, 2005.

더 나아가 오스트롬2009은 사회생태체계Social-ecological systems, SES의 복잡성에 관해 논한다. 사회생태체계는 유기체 조직과 유사하게 여러 수준에서 작동하는 서로 연결된 다양한 하위 체계와 내부 변수로 구성되어 있다. 복잡한 사회생태체계 내에서 자원 시스템 및 자원 단위와 거버넌스 시스템, 그리고 사용자들과 같은 별개의 하위 체계가 개별적으로 고려될 수 있지만, 이들의 상호작용은 사회생태체계 수준에서 집합적인 결과를 형성한다. 오스트롬은 이를 구조화하여 네 가지 기본 하위 체계 간의 상호 관계를 설명한다. 앞과 같이 하위 체계는 자원 시스템예: 숲, 야생동물 및 수계를 보유한 보호 공원 및 자원 단위예: 나무, 관목, 식물, 야생동물 및 수량와 거버넌스 시스템예: 공원 관리와 사용 및 의사 결정 규칙, 그리고 사용자들예: 생계유지, 숲의 재생 또는 상업적 목적으로 자연에 관여하는 개인로 구성된다. 오스트롬의 연구를 참고하여, 자원 시스템 및 자원 단위는 RSResource systems와 RUResource units, 사용자들은 UUsers 그리고 거버넌스 시스템은 GSGovernance systems로도 표기한다.

표 1 | 오스트롬의 사회생태체계(SES) 틀

구분	변수
사회적, 경제적, 정치적 환경(S)	S1 경제발전 / S2 인구통계 동향 / S3 정치적 안정 / S4 정부 자원 정책 S5 시장 인센티브 / S6 미디어 조직
자원 시스템(RS)	RS1 부문(예: 물, 숲, 목초지, 어류) / RS2 시스템 경계의 명확성 RS3 자원 시스템의 크기 / RS4 인간 건설 시설 / RS5 시스템의 생산성 RS6 평형 특성 / RS7 시스템 역학의 예측 가능성 / RS8 저장의 특성 / RS9 위치
자원 단위(RU)	RU1 자원 단위의 이동성 / RU2 성장률 또는 대체율 RU3 자원 단위 간 상호작용 / RU4 경제적 가치 RU5 단위의 수 / RU6 특정적 표식 / RU7 공간적 및 시간적 분포
사용자들(U)	U1 사용자 수 / U2 사용자의 사회경제적 속성 / U3 사용 역사 U4 위치 / U5 리더십 및 기업가 정신 / U6 규범 및 사회적 자본 U7 사회생태체계(SES)에 대한 지식 / U8 자원의 중요성 / U9 기술 사용
거버넌스 시스템(GS)	GS1 정부 기관 / GS2 비정부기구 / GS3 네트워크 구조 / GS4 재산권 체계 GS5 운영 규칙 / GS6 집단 선택 규칙 / GS7 헌법 규칙 GS8 모니터링 및 제재 절차
상호작용(I)	I1 다양한 사용자의 수확 수준 / I2 사용자 간 정보 공유 / I3 심의 절차 I4 사용자 간 갈등 / I5 투자 활동 / I6 로비 활동 / I7 자기 조직화 활동 I8 네트워킹 활동
결과(O)	O1 사회적 성과 측정(예: 효율성, 형평성, 책임성, 지속 가능성) O2 생태적 성과 측정(예: 과잉추출, 복원력, 생물 다양성, 지속 가능성) O3 다른 사회생태체계(SES)에 대한 외부성

자료: Ostrom, Elinor. 2009. "A General Framework for Analyzing Sustainability of Social-Ecological Systems." Science, 325(5939): 419-422

각 핵심 하위 체계는 <표 1>과 같이 더 깊은 수준의 다양한 변수로 세분화된다. 오스트롬은 상황에 따라 서로 다른 역학이 작용함을 논하면서도, 자원 관리를 위해 사용자들이 스스로 조직화하는 데 도움이 되거나 방해되는 것으로 자주 언급되는 다음의 열 가지 변수를 제시한다. 첫째, 자원 시스템RS3의 크기가 중요한데, 큰 영토의 자원 관리는 어렵고 작은 영토의 자원 가치 산출 또한 어렵기에 중간 크기의 영토가 자기 조직화에 가장 적합하기 때문이다. 둘째, 사용자는 자원 시스템이 이미 고갈되었거나 풍부할 때보다 생산성RS5의 부족을 관찰할 때 자기 조직화에 투자하는 경향이 더 크다. 셋째, 시스템 역학의 예측 가능성RS7에 있어서 사용자는 그것이 예측 가능할 때 자원 관리 규칙을 설정할 가능성이 더 크다. 넷째, 유사한 맥락에서 자원 단위의 이동성RU1은 자기 조직화에 영향을 미치며, 야생 동물이나 규제되지 않은 강과 같은 이동성이 높은 자원들은 관찰 및 관리에 따른 비용 때문에 자기 조직화가 어렵지만, 나무나 식물과 같이 정지된 단위는 그에 비교적 용이하다.

다섯째, 사용자의 특성과 상황이 자기 조직화에 영향을 미친다. 집단 크기U1의 영향은 다른 사회생태체계 변수들, 그리고 예상되는 관리 작업의 특성에 따라 달라진다. 즉, 집단 크기는 자체 조직화의 거래 비용에 부정적인 영향을 미칠 수 있는데, 이는 더 큰 집단을 조정하는 것이 어려울 수 있기 때문이다. 그러나 그와 동시에 규모가 큰 집단은 광범위한 자원의 감시 및 관찰 등 비용이 많이 드는 작업에 유리할 수도 있다. 여섯째, 리더십U5과 일곱째, 사회적 자본 및 규범U6으로는 공유되는 신뢰, 호혜성, 도덕적 기준에 따라 합의 도달과 자원 감시에 필요한 거래 비용을 줄일 수 있으며, 여덟째로 사용자가 자신의 행동이 서로에게 미치는 영향에 관한 정보를 공유하고 사회생태계에 대한 지식U7을 충분히 알고 있을 때 조직화의 비용이 줄어든다. 아홉째, 사용자는 생계를 위해 자원 시스템에 크게 의존U8하거나 그로 인해 지속 가능성을 중요시하는 경우 자체 구성하고 자원 시스템을 유지할 가능성이 더 크다. 이와 같은 변수들이 존재할 때, 자체 자치 체제의 조직 및 유지 비용이 줄어든다. 마지막 열째로 거버넌스 시스템에서는 사용자가 규칙을 설정하고 시행할 수 있는 권한과 완전한 자율성GS6을 가질 때 거래 비용이 줄어들고 외부 위협으로부터 자원을 더 쉽게 보호할 수 있다.

이러한 이론적 틀을 바탕으로 본 연구는 원주민 공동체 내 외부 침입과 관련된 문제를 다룰 수 있도록 구조의 범위를 확장한다. 자원 시스템과 단위에 대한 외부 사용자의 개입에서 발생하는 역학, 그리고 정부와 지역공동체 간의 상호작용을 탐구하기 위해 와자피와 시피보 원주민 공동체 사례에 오스트롬의 사회생태체계 구조가 다음과 같이 수정되고 적용된다.

사회생태체계 틀의 변형: 외부 사용자EU의 개입

오스트롬의 이론적 틀은 특정 체계 분석에 사용되는 변수들의 선택이 그 대상의 시공간적 규모와 특징에 따라 달라짐을 강조한다. 본 논문에서는 이를 적용하여 외부 이용자의 개입 아래 효과적인 공동자원 관리를 위한 거버넌스 시스템의 역할에 집중한다. 따라서 연구의 질문과 사례에 부합되도록 틀을 다음 두 가지 사항을 중점으로 변형한다. 첫 번째는 기존 틀의 하위 체계 중 사용자U를 내부 사용자Internal Users, IU로 구체화하고, 두 번째는 새로운 하위 체계로 외부 사용자External Users, EU를 추가하는 것이다.

이러한 두 가지 변형의 근거는 다음과 같은 맥락에 기반한다. 본 연구의 두 대상 지역은 사용자가 특성에 따라 다르게 분류될 수 있는 복잡한 시스템을 가지며, 구체적으로 원주민 공동체, 이주민, 작은 소작농, 기업 등으로 구분될 수 있다. 또한, 두 지역은 영토 외부로부터 침입한 개인이나 기업이 원주민 공동체의 생계에 영향을 미치는 유사한 문제들을 겪는다. 원주민 인구는 다양한 방식으로 정의될 수 있지만, 본 연구에서는 유엔 워킹그룹UN Working Group이 참조하는 마르티네스 코보Martínez Cobo의 정의에 기반한다. 마르티네스 코보1987: 29에 따르면 원주민들은 침입 이전의 사회와 역사적 연속성을 갖고 현재 사회의 비지배적인 부문을 형성하며, 조상의 영토, 민족 정체성 및 문화유산을 보호하려는 민족으로서의 지속적인 존재의 기초와 같다.[2] 이러한 맥락에서 국가의 보호구역 또는 그와 접하거나 중첩된 영토에 거주하는 원주민과 그들 영토에서 사냥, 농사, 토지 약탈, 자원을 추출하는 외부인 사이의 관계가 더 명확히 확인된다. 이 관계를 기반으로 본 연구는 원주민인 내부 사용자IU와 원주민 영토 내 자원을 개발하는 외부의 개인 혹은 조직인 외부 사용자EU로 사용자U를 구분한다. 틀의 변형은 〈표 2〉로 설명할 수 있다.

표 2 | 변형된 사회생태체계(SES) 프레임워크

사회적, 경제적, 정치적 환경(S)	S1 경제발전 / S2 인구통계 동향 / S3 정부 자원 정책 / S4 시장 인센티브 S5 미디어 조직
자원 시스템(RS)	RS1 부문(예: 물, 숲, 목초지, 어류) / RS2 시스템 경계의 명확성 RS3 자원 시스템의 크기 / RS4 시스템의 생산성 RS5 시스템 역학의 예측 가능성 / RS6 위치
자원 단위(RU)	RU1 자원 단위의 이동성 / RU2 성장률 또는 대체율
내부 사용자들(IU)	IU1 사용자 수 / IU2 사용 역사 / IU3 위치 / IU4 리더십 및 기업가 정신 IU5 규범 및 사회적 자본 / IU6 사회생태체계(SES)에 대한 지식 IU7 자원의 중요성
외부 사용자들(EU)	EU1 활동 유형(상업, 생계) / EU2 법적 허가 보유 / EU3 정착 행동 EU4 사용자 수 / EU5 자원의 중요성
거버넌스 시스템(GS)	GS1 정부 기관 / GS2 비정부기구 / GS3 네트워크 구조 / GS4 재산권 체계 GS5 운영 규칙 / GS6 집단 선택 규칙 / GS7 헌법 규칙 / GS8 모니터링 및 제재 절차
상호작용(I)	I1 사용자 간 정보공유 / I2 사용자 간 갈등 / I3 자기 조직화 활동 / I4 네트워킹 활동
결과(O)	O1 사회적 성과 측정(예: 효율성, 형평성, 책임성, 지속 가능성) O2 생태적 성과 측정(예: 과잉추출, 복원력, 생물 다양성, 지속 가능성)

자료: Ostrom(2009) 재구성

2 The Study of the Problem of Discrimination Against Indigenous Populations(1987)의 일부로, 이는 원주민 차별 문제 특별보고관인 Martínez Cobo, José R이 저술했으며, 차별 방지 및 소수자 보호에 관한 유엔 소위원회(UN Subcommission on Prevention of Discrimination and Protection of Minorities)의 본문에 포함되어 있다.

하위 체계의 변수를 〈표 2〉와 같이 수정할 수 있는데, 내부 사용자IU의 변수는 기존 틀 내 사용자U의 변수에서 변함이 없다. 그러나 외부 사용자EU의 경우 고유한 특성 및 행동 패턴을 설명하고자 하위 시스템에 새로운 다섯 가지 변수를 도입한다. 첫째, 상업형과 생계형 관행으로 활동 유형EU1을 식별한다. 이는 어떤 농업 유형이 삼림 벌채에 더 큰 영향을 미치는지에 관한 논쟁과 관련이 있다. Hosonuma et al.2012 의 연구에 따르면 열대 및 아열대 국가의 삼림 벌채 중 40%는 상업형 농업에 의해 발생하고 33%는 생계형 농업에 의해 발생하는데, 중남미에서는 상업형 농업이 주도한 삼림 벌채의 규모가 더 지배적인 점을 고려할 수 있다FAO, 2020: 3. 둘째, 외부 사용자의 불법 활동과 관련하여 행동의 적법성이 그들의 동기, 목표, 접근 방식 및 갈등 해결에 영향을 미칠 수 있기에 법적 허가의 소유EU2를 고려해야 하며, 이는 종종 국가 기관의 대처와도 관련된다. 셋째, 마을 정착 혹은 이주 행동EU3에서 행동 양식의 차이가 나타나는데, 외부인은 경작된 땅의 재생을 위한 장기적 관리보다는 주로 원시림 내에서 이동하며 많은 양의 자원을 추출하고 고갈시키는 것을 반복한다Parkswatch, 2003. 나머지 변수는 사용자의 수EU4와 자원의 중요도EU5로, 이는 내부 이용자 하위 체계의 IU1, IU7과 동일하다.

추가로, 특정 상황과 지역에 따른 차이가 존재하나, 대체로 불법 농부, 목축업자, 벌목꾼, 광부의 공통적인 특성은 다음과 같이 설명할 수 있다. 법적으로 요구되는 필수 허가와 면허가 없는 불법 운영자는 종종 법적 경계와 규정을 무시하고 국립공원, 원주민 토지 또는 환경적으로 민감한 지역을 포함한 보호 및 제한 지역에서 활동한다. 또한, 불법 운영자는 환경 보전이나 장기적인 자원 관리에 대한 적절한 고려 없이 삼림 벌채, 유해 화학물질 사용, 과도한 방목 또는 수역 오염과 같은 지속 불가능한 관행을 사용하는 경우가 많다. 이는 감시 및 책임의 결여와 관련이 있는데, 즉 불법 운영자는 일반적으로 공식 규제 체계의 범위를 벗어나 활동하여 그들의 행동에 대한 조사와 책임을 회피함으로써 심각한 사회적, 경제적 및 환경적 영향을 초래할 수 있다.

변형된 사회생태체계 틀의 적용: 브라질 와자피와 페루 시피보

브라질과 페루의 사회, 경제, 정치적 환경

두 사례의 선정은 다음과 같은 경제적, 정치적, 사회적 상황Settings, S에 기반한다. 주State 차원에서 두 지역 간 GDP 구성과 구조는 차이를 보인다S1. 브라질 지리·통계 연구소[3]2015에 따르면 브라질의 와자피 공동체가 거주하는 아마파Amapá주는 풍부한 천연자원에도 불구하고 2015년 주별 GDP가 130억 헤알로 국가 GDP의 0.2%에 불과했으며, 서비스 부문이 경제의 85.8%를 지배하고 산업 및 1차 부문이 각각 12.1%와 2.1%를 차지했다Sousa Costa and Borges, 2021. 이에 비해 페루의 시피보 공동체가 거주하는 우카얄리Ucayali주에서는 농업, 가축 및 임업 부문이 지역 GDP의 약 20%, 목재 및 농업 가공은 지역 GDP의 13%를 차지하여 산업 부문에서 중요한 역할을 한다Porro et al., 2015. 이는 우카얄리주 천연자원의 상대적으로 높은 경제적 가치가 상업적 및 불법 추출자의 원주민 토지 침해를 증가시킬 수 있음을 시사한다.

정부의 자원 정책S3은 원주민 공동체와의 문제를 복잡하게 한다. 브라질의 경우, 1980년대 인플레이션 및 채무 문제 해결을 위한 정부의 자원개발 추진은 1990년대 중반부터 지속적인 삼림 벌채로 이어졌고, 국가 경제 구조의 상당을 차지하는 농업 부문은 콩이나 소고기와 같은 상품에 대한

---

3 Instituto Brasileiro de Geografia e Estatistica, IBGE

수요 증가의 충족을 위해 농업 및 목장 활동을 확장하여 토지 벌채가 증가했다. 또한, 2019년 이후 보우소나루 정권의 일자리 창출과 자본 집약적 수출 주도형 대규모 농업을 위한 상업적 농업Agri-business의 활성화는 아마존의 환경 규제 집행을 줄이고 국립 원주민 재단FUNAI의 예산을 감축할 뿐만 아니라, 원주민 토지 내 침략과 불법 자원개발을 촉진했다. 특히, 원주민 토지 채굴 허용을 목표로 하는 보우소나루 정부의 PL 191/2020 법률 제안은 토지 침략자와 범죄 조직을 관련 지역으로 유도하여 지역 내 불법 활동을 증가시킨 바 있다Cimi, 2022.

페루에서는 1980년 식민화 프로젝트, 시장 지원, 도로 개발에 대한 국가적 지원으로 인해 농업 영역이 크게 확장되었다Marquardt et al., 2019. 이는 다수 정착민의 유입으로 이어졌고, 이후 삼림 황폐화의 주요 원인으로 불법 벌채의 증가가 주목되기도 했다Smith and Schwartz, 2015. 1990년대 후지모리 정권부터 신자유주의적 경제정책이 추진되었고, 경제 고성장을 위한 광산 및 에너지 자원개발이 우선시되었다. 외국인 투자유치 정책 또한 추진되었으나, 이는 원주민의 입장을 고려하지 않은 중앙정부의 일방적인 자원개발 프로젝트로 지역사회의 불만을 증가시켰다. 더 나아가, 개발 담론의 정치적 논의를 위한 제도적 수단의 미비가 자원개발에 따른 지역사회와의 갈등과 환경 파괴를 악화시켜왔다김유경·김원호, 2015. 또한, 국립공원과 중첩한 원주민 영토 내 천연자원의 상업화를 중앙 집중식 모니터링으로 제한하는 최고법령 제5조Supreme Decree Nº 006-2010-MINAM 등의 규정이 시행되고 있다. 이는 원주민 인구의 사회적 및 물리적 고립으로 인한 제한된 시장 접근성과 수단을 고려할 때, 그들의 낮은 시장 경쟁력 문제를 복잡하게 한다.

국가 전체 인구 중 브라질과 페루에서 각 0.4%와 24.8%를 차지S2하는 원주민 공동체의 권리 보호에 미디어 언론S5과 국제사회가 주목하기 시작했다. 브라질에서는 2021년 불법 광부와 기타 자원 채취자들에 의한 침입이 증가하는 보고들이 잇달아 중요한 수준에 이르렀고, 와자피 공동체 추장의 살해 등의 사건들이 이슈화되었다. 마찬가지로, 페루에서는 외부인의 침입 증가로 인해 시피보 공동체의 생계에 대한 위협이 증가하고 있음을 강조하는 일관된 보고들이 있다.

두 지역의 삼림 벌채율 비교

와자피와 시피보 공동체가 거주하는 아마파주와 우카얄리주의 삼림 벌채율은 서로 다른 경향을 보인다. 이는 〈그림 1〉과 〈그림 2〉에 나타나는 두 원주민 공동체의 위치와 삼림 벌채 수준으로 확인할 수 있다. 각 공동체의 거주지역은 별도의 윤곽선으로 표시되어 있으며, 삼림 벌채의 정도는 Global Forest Watch의 위성사진에 기반한 색상 표시점으로 나타난다. 동 자료는 2022년 기준 총 수목 피도 손실의 영역을 식별하며, 수목 피도는 다양한 캐노피 밀도에 걸쳐 있는 자연림과 농장을 포함하여 높이가 5m를 초과하는 식생을 포함한다. 그림 간 색상 표시점 밀도의 차이를 통해 와자피 공동체의 지역이 더 적은 수목 피도 손실을 경험했음을 알 수 있다.

그림 1 | 와자피 공동체의 위치와 삼림 벌채율

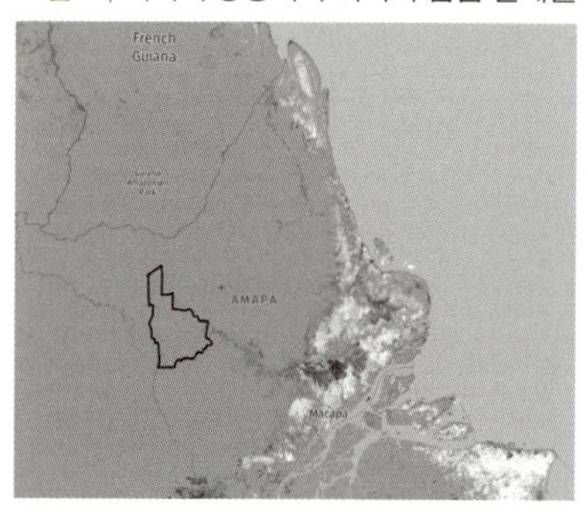

자료: Mata et al.(2012)과 Global Forest Watch(n.d.-a) 재구성

그림 2 | 시피보 공동체의 위치와 삼림 벌채율

자료: Dyck(2019)과 Global Forest Watch(n.d.-b) 재구성

사회생태체계 변형 프레임워크에 따른 브라질 와자피 공동체 분석

1) 자원 시스템RS과 자원 단위RU

와자피 원주민 공동체는 중서부 아마파Amapá주의 페드라 브랑카 두 아마파리Pedra Branca do Amapari 및 라란잘 두 자리Laranjal do Jari 지방자치체RS6에 거주한다. 와자피 원주민 영토Indigenous Land, IL는 투무쿠마키Tumucumaque 산맥 국립공원, 이라타푸루Iratapuru 강 지속가능개발보호구역, 아마파주립림, 베이자 - 플로르 브릴류 데 포구추스티스트비데보고 추출물 확보 구역, 그리고 BR-210 페리메트랄 노르치Perimetral Norte정착 프로젝트를 포함한 여러 보호구역과 국경을 공유한다Moreno et al., 2018. 자원 시스템의 크기RS3에 대한 구체적인 지표는 없으나 60만 7,017헥타르에 달하는 원주민 토지의 면적을 근사치로 한다. 자원 시스템 내 생계형 농업과 소득 창출을 위한 농업, 수렵 그리고 채집에 있어 광물 및 수공예품과 옥수수, 카사바, 바나나, 고구마, 사탕수수, 캐슈와 같은 작물이 공동체의 소득에 기여한다RS1.

원주민 영토에는 자원 관리를 위한 자기 조직화의 가능성을 높이는 조건에 대한 오스트롬의 강조를 뒷받침하는 요소들이 존재한다. 첫째, 숲의 이동적 면의 고정성RU1과 시간적 면의 전반적인 안정성 및 일관성RS5은 공동체가 자원을 보다 쉽게 관리할 수 있도록 한다. 이러한 자원 시스템 속에서 원주민들은 통제된 불의 사용을 통해 수확과 휴경의 지속 가능한 경작 주기를 유지해왔고, 이 관행은 숲을 쉬게 하고 토양 영양분 고갈을 방지하며 농업 해충의 침입을 제어한다. 자원 증가율과 대체율은 안정적RU2인 것으로 추정되는데, 그 이유는 지역사회가 환경을 복원하기 위해 마을을 정기적으로 재배치하기 때문이다Amapá State Government, 2015. 이는 와자피 원주민들이 숲을 파괴하지 않는 전통적 관행을 기반으로 지속 가능한 농업 및 광업 활동에 참여하는 방법이다.

2) 내부 사용자들IU

자원 시스템을 사용하는 와자피 원주민들은 다음의 특성이 있다. 2021년을 기준으로 원주민 영토에는 약 1,500명의 주민IU3이 흩어져 있는 81개 마을에 거주하고 있다Campos et al., 2021; Apina et al., 2017. 또한, 와자피 가구는 토지 복원을 위한 정기적 이동으로 일 년 중 일부를 두 개 이상의 마을에서 보낸다. Campos et al. 2021에 따르면, 와자피 원주민 영토는 연간 평균 52명 출생으로 인구 증가율이 낮고 토지 사용률도 0.63%로 낮아 대부분의 영토 보존이 유지되고 있다. 이는 지역 내 인구 증가와 삼림 벌채 사이의 상관관계가 약하여 토지 사용에 영향을 미치지 않는 점을 강조하며, 또한 그 결과로 삼림 벌채는 크게 증가하지 않는다IU1. 이것은 보호 지역에 둘러싸여 생활하며 전통 관습을 고수하는 와자피족의 고립된 특성 때문일 수 있는데, 제한적인 농작물을 위한 개간 및 가옥 건축의 토양 사용 등의 관행이 이에 해당한다. 이처럼 원주민들은 낮은 자원 이용률을 보이면서도 식량, 주택 및 수입의 주요 원천으로 자원에 크게 의존한다IU7.

원주민 공동체는 자원 활용에 있어 풍부한 역사를 지니며, 전통 지식과 관행은 세대를 거쳐 전승된다IU2. 그들은 생계유지와 문화적 자율성 보존을 위해 다양한 종의 작물 재배, 낚시, 바구니 짜기 그리고 카사바 등 주요 작물 활용과 같은 활동을 서로 가르치고 습득한다. 더욱이 인간의 지속적인 환경 착취와 남용이 지구의 황폐화로 이끄는 재앙을 불러온다는 토착적 믿음은 그들의 환경보호적 행동을 강화한다. 또한, 앞서 언급한 통제된 불의 사용 후 토지 복구 및 휴경을 위해 마을을 주기적으로 이전하는 등 사회생태체계에 대한 깊은 지식IU6을 공동체가 보유하고 있음이 확인된다. 그들은 상호주의와 사회적 자본의 규범IU5을 공유하는데, 이는 구성원들이 공동의 노력으로 통제된 방식을 통해 토지를 불태우고 개간하며 서로를 돕는 푸시로Pusirõ라는 집단 활동으로 나타난다. 더불어 족장들은 공동체 교육을 적극적으로 장려하여 숲의 중요성이 더 깊이 이해되도록 촉진하고, 비원주민 문화를 연구하여 국제 포럼에 참가하는 등 부족을 대표해 발언하는 데 참여한다.

3) 외부 사용자들EU

공동체 외부로부터 침입한 외부 사용자들의 개입은 원주민의 숲 관리를 방해한다. 자원 시스템은 희소성의 위협RS4에 직면하고, 이는 와자피 사회환경 관리 계획[4]Apina et al., 2017에 암시되어 있다. 다음 문단들에서 자세히 분석될 동 계획은 토지의 지속 가능한 개발 및 관리를 위한 목표, 조치 및 지침을 설명하는 전략적 문서로, 계획 내 목표 2는 '와자피 원주민 영토의 침략과 이웃과의 갈등을 방지하고 주변 지역의 환경 파괴를 방지함2017: 80[5]'을 명시한다. 이는 원주민 공동체가 자원의 희소성과 외부 사용자에 의한 고갈의 위협을 인식하고 숲을 보존하기 위한 통제의 필요성을 강조함을 제시한다.

시스템 경계에 대한 명확성RS2의 부족으로 인해 상황이 악화할 가능성 또한 존재한다. 와자피 영토의 법적 경계 구분에도 불구하고 그들의 땅을 외부와 연결하는 BR-210으로도 알려진 북부 페리메트랄North Perimetral 고속도로로 인해 접근을 통제하는 데 어려움이 있으며, 외부인의 진입은 더욱 용이해졌다. 1976년 고속도로 건설이 중단됐을 시점 이미 원주민 영토의 30km 이상이 잠식되어 일련의 침입 사례가 잇따랐다ISA, 2018. 모피 사냥꾼들을 시작으로 금광, 석석, 망간 및 탄탈룸의 채취를 위해 광부와 광산 기

4 Socio-Environmental Management Plan of the Wajãpi

5 영문으로 번역된 문장은 다음과 같음. 'Prevent the invasion of the Wajãpi Indigenous Territory, avoid conflicts with our neighbors, and prevent environmental degradation in the surrounding areas(Apina et al., 2017: 80).'

업들이 그 뒤를 이었다. 더욱이 제재소, 농장, 탐사 작업이 북부 페리메트랄 경계의 가장자리를 따라 자리를 잡으면서 침입의 압력이 가중되고 있다. 브라질 비정부기구 ISA2018에 따르면 이러한 활동은 90km 거리에 있는 세하 두 나비우Serra do Navio 및 370km 거리의 마카파Macapá와 같은 도심의 근접성으로 인해 촉진되었다. 특정 수의 외부 사용자가 보고되지는 않으나, 영토 내 토지 침범이 증가EU4하고 있으며 광부, 벌목꾼, 농부의 위협이 지속되고 있다Londoño, 2019.

동 사실은 대부분의 침입이 개인 추출과 기업의 상업적 활동EU1에 의해 주도됨을 시사한다. 법적 허가 인증의 부재로 인해 영토를 침범하는 개인과 기업들이 높은 확률로 불법 활동EU2을 전개하는 것으로 추정된다. 개인 침입자의 다수는 이주민EU3이며, 종종 원주민들의 침입 보고를 막으려고 위협을 가하거나 때로는 암살을 초래하여 흔적을 감춘다Londoño, 2019; Charner et al., 2019. 적법성EU2 및 자원의 필요성EU5에 관한 문제는 연방 정부와 공직자들의 원주민 토지 침범 및 착취를 지원하는 조치 및 정책으로 나타난다. 법안 PL 190/2020과 490/2007 등은 광업, 농업 및 기반 시설 프로젝트와 같은 활동을 위한 토착 토지의 파괴 및 착취를 합법화하며Cimi, 2022, 이 행동은 원주민 공동체의 영토권과 지속 가능성을 위협한다.

4) 거버넌스 시스템GS

정부 기관, 비정부기구 그리고 와자피 원주민은 응집성 있는 상호작용을 하는 것으로 해석할 수 있다GS3. 정부 조직GS1의 경우, 원주민 공동체 관련 정책 수립 및 시행을 담당하는 브라질 정부의 원주민 보호 기관인 국립 원주민 재단National Indigenous People Foundation, FUNAI[6]이 그 중심에 있다. 동 재

6 Fundação Nacional dos Povos Indígena

단은 원주민 협회의 법정대리권 및 1988년 연방 헌법이 제시하는 다양한 권리를 보장하기 위해 창설된 단체이다. 또한, 비영리 단체GS2인 이에페Iepé는 지역 사회 역량 강화와 아마파Amapá주의 원주민 집단 관리를 지원하는 데 주요 역할을 한다. 세 주체 간의 네트워크는 유기적인데, 예시로 외부 침입으로 인해 공동체에 심각한 공격이 있는 경우 원주민들은 이를 국립 원주민 재단에 보고하여 연방 경찰이 주 상원 수준에서 조사하도록 요구한다. 또한, 이에페는 정부 조직과 공동체에 제시하기 위한 원주민 구성원들의 계획 및 성명서 수립을 지원한다.

와자피 원주민 공동체는 자체적으로 조직하며, 크게 세 개의 내부 조직이 존재한다. 첫 번째는 아피나Apina로 명명된 와자피 마을 의회Wajãpi Village Council로, 1994년에 조직되어 영토 경계 구분과 이후 질병 발생 및 탐사자 침입 문제와 같은 공동의 문제를 해결하려고 흩어진 원주민들을 통합하여 지역과 국가 수준에서 정치적 대표성을 확립한다는 목표 아래 조직되었다. 둘째, 아마파리 삼각 와자피 원주민 협회Amapari Triangle Indigenous Peoples Association, APIWATA는 구성원들의 의견을 통합하여 원주민의 권리, 문화 및 영토 보호를 위해 1998년에 설립되었고, 마지막으로 2010년에 와자피 토지·환경·문화 협회Wajãpi Association of Land, Environment and Culture, Awatac가 설립되었다. Apina, APIWATA 및 Awatac[7] 세 조직의 이사회는 회의를 진행하고 이후 공동체 구성원에게 효과적으로 전달하기 위해 비정부기구와 협력하여 정보를 수집한다. 이는 원주민 단체가 함께 도출한 집단 선택 규칙이 완전한 자율성GS6 아래서 수립되고 시행되는 것을 보여준다.

---

7 Association Wajãpi Terra, Ambiente e Cultura

(1) 재산권 체계

와자피 원주민 토지IL는 1988년 브라질 헌법1988 Constitution of Brazil에 따라 1996년에 보호구역으로 지정되었다Tomassoni, 2019. 2022년 기준 약 1,600명이 동 지역에 거주하고 있으며 가구당 평균 여섯 명으로 281가구에 분포되어 있다. 와자피 IL은 금, 망간, 구리 등 다양한 광물이 풍부한 460만 헥타르의 구리 및 관련 단체 국립 보호구역RENCA[8]과 교차하며, 1984년 이래 상업용 광업이 대통령령으로 보호되어왔다. 헌법적 보호 이전에 와자피 원주민들은 1990년대 초부터 독립적으로 경계를 설정하였으며, 이에 국제 이니셔티브인 브라질 열대우림 보존 파일럿 프로그램PPG-7[9]과 공여국 정부의 지원을 받았다. 또한, 원주민들 사이에서도 비원주민의 침입으로부터 토지와 자원을 보호하려면 경계 설정이 필요하다는 신념이 공유되어 왔다Charner et al., 2019. 외부 침입 방지를 위해 와자피 구성원들은 지속적으로 외딴 지역을 포함한 모든 지역을 점거하고 보호했으며, 도보로 명확한 경계를 표시했다. 이처럼 헌법에 정의된 와자피 IL의 경계는 원주민 공동체가 삼림 개간 및 자체 지도 제작을 통해 설정한 오랜 과정의 결과와 노력을 반영한다.

(2) 국가 정책PNGATI과 원주민 관리 계획PGTA

거버넌스 체계 내 정부 기관과 비정부기구는 국가 정책의 부재나 원주민들의 반反토착 정책 반대에 대한 대응을 지원한다. 이는 원주민 영토의 관리와 관련된 정부의 의사 결정 과정 내 원주민 공동체의 체계적인 참

8 National Reserve of Copper and Associates

9 Pilot Program to Conserve the Brazilian Rainforest(PPG-7)은 브라질 정부, 비정부기구, 세계은행, 유럽연합 집행위원회, 7대 주요 선진국(G7)의 공동 프로젝트로, 지속 가능한 경제 개발 추구와 열대우림 생물 다양성 보존 및 온실가스 급증 배출량 감소를 위해 자금과 기술 협력을 제공했다.

여를 촉진했다. 국가 정책인 PNGATI와 원주민 관리 계획인 PGTA가 동 체계의 예시이다. 원주민 보호구역 환경 및 영토 관리를 위한 국가 정책 PNGATI[10]은 연방 정부가 대통령령 제7,747/2012호를 통해 수립했으며, 지속 가능한 수단을 통해 영토 내 원주민의 복지 향상 및 사회 문화적 자율성과 고유 영토의 보존을 목표로 한다GS7. PNGATI 내 헌법 기반 원주민 권리와 조화되는 규제 프레임워크 수립에 대한 Linke et al. 2020의 연구에 따르면, 동 정책은 전통적으로 점거한 땅에 대한 원주민의 독점적 활용 권리를 재확인하며, 경계가 설정된 영역에는 각 원주민 공동체의 고유한 요구와 특성이 보장될 것을 강조한다.

PNGATI 내 원주민 관리 계획PGTA[11]은 원주민 공동체에 의해 수립되는 가장 중요한 관리 도구이다. 국립 원주민 재단은 이를 '브라질 원주민 땅의 영토 및 환경 관리를 위한 문화 간 대화 및 계획의 도구'로 정의한다RCA and Rainforest Foundation Norway, 2021: 7. 또한, PGTA는 정부와 비정부기구의 지원을 통해 원주민이 직접 수립하므로 국가와 원주민 간의 관계 개선과 유지에 기여한다. 와자피 사회환경 관리 계획Socio-Environmental Management Plan of the Wajãpi이 PGTA로 작용하는데, 의제 항목으로는 하천 정화, 분계선 정화 탐사단 조직, 공동 장비 구매, 감시자금 관리 등이 포함된다2017: 28. 이처럼 공동체는 자원 관리와 관련 의사 결정을 내리기 위한 자체 운영 규칙을 갖추고 있다GS5.

(3) 와자피 협의 및 동의 규약서

와자피 협의 및 동의 규약서Wajãpi Consultation and Consent Protocol는 토지 개혁

10 A Política Nacional de Gestão Ambiental e Territorial, PNGATI

11 Planos de Gestão Territorial e Ambiental de Terras Indígenas, PGTA

관련 중앙 의사 결정 과정에 공동체의 의견이 포함될 것을 강조한다. 공동체는 비정부기구 이에페Iepé의 지원을 받아 2014년에 직접 규약서를 개발했으며, 이는 그들의 토지, 자원 및 권리에 직접적인 영향을 미치는 문제에 대한 참여와 협의를 보장하기 위한 일련의 지침과 절차로 구성된다. 동 규약서는 원주민과 정부 기관 및 기업 등의 외부 조직 간의 상호작용을 위한 틀을 마련하고, 원주민들의 자결권과 영토 관리권을 유지하는 데 기여한다.

위 규칙에 따라 정부 기관은 2015년부터 2017년까지 영토 개발 정책에 관한 사전 협의 회의를 개최했다. 이는 국제노동기구의 원주민 및 부족 공동체 협약 169International Labour Organization Convention 169 on Indigenous and Tribal Peoples에 부합하며, 정부의 사업 혹은 조치로 영향을 받는 원주민에게 정보에 입각한 자유로운 사전적 협의 권리를 보장한다RCA and Rainforest Foundation Norway, 2021: 15. 동 협약은 2004년에 비준되어 브라질 법령에 통합되었다Brasilia, DF, 2018: 53. 와자피 공동체와의 첫 번째 협의 중 2015년 회의에서는 아마파 환경 및 토지 계획 연구소Amapá Institute for the Environment and Land Planning와 와자피 대표자들이 모여 토지소유권 정규화, 농업 분쟁, 아마파 주립림, 보전 단위 구역 설치의 제안과 같은 주제를 논의했고, 원주민은 그들의 요구 사항을 제안하였다Amapá State Government, 2015. 2017년 후속 회의에는 북부 경계 정착 사업Northern Perimeter Settlement Project 확장에 있어 원주민 영토의 잠재적 침입 관리 및 통제를 위해 원주민 공동체와의 협의가 이루어졌고, 이는 상호작용I 및 결과O 분석에서 자세히 다룬다.

(4) 모니터링 절차GS8

1980년대부터 와자피 원주민들은 침입자를 몰아내고 방어하기 위해 영토를 감시하는 적극적인 접근 방식을 채택했다ISA, 2018. 그들은 다양한 영토 통제 활동을 통해 영토에 대한 통제권을 확립하고 유지하는 데 전념하며, 공동체의 모니터링 전략은 자체 감시와 정부 조정을 포함한다. 공동체 구성원들은 자체적으로 자신들의 영역을 통과하는 운전자를 철저히 검사하여 불법 금광 개발자와 벌목업자를 방지하려는 데 주력한다 Tomassoni, 2019/07/30, 2019/08/25. 또한, 모니터링을 위한 정부와의 협력에 대한 결의는 와자피 사회환경 관리 계획 내 정책 제안에서 반영된다. 가령, 영토 및 환경 관리를 위해 제안된 정책 목표 1은 도로 BR-210을 통한 외부인 진입 통제에 있어 원주민과 정부 보호 기관인 국립 원주민 재단 간의 협력을 주장한다Apina et al., 2017: 79.

5) 상호작용I 및 결과O

상호작용의 주요 패턴은 첫째, 내부 사용자들의 효율적인 숲 관리 그리고 둘째, 사용자 간 충돌12, 정보 공유11, 원주민의 자기 조직화13와 원주민, 정부 기관 및 비정부기구 간의 네트워킹 활동14으로 나타난다. 와자피 원주민은 토지 복원을 위한 주기적인 마을 이전과 함께 삼림 파괴 방지를 위해 전통적 규범에 기반한 지속 가능한 농업과 광업 관행을 따른다. 토지 개간 화재 통제로 토양 영양분 고갈과 농업 해충 침입으로부터 땅을 쉬고 회복할 수 있도록 하는 경작 방법이 그 예시이다. 그러나 보호구역 내 외부인의 불법 채광, 벌목 및 농업 활동을 위한 지속적인 침입은 앞서 서술된 바와 같이 자원 고갈, 삼림 파괴 및 물리적 위협의 위험을 야기한다. 와자피 사회환경 관리 계획 및 기타 보고들은 사냥꾼, 농부, 탐광자, 광부에 의한 침입을 강조하며, 이는 국가적 수준의 개간에 따른 화재 및 삼림 벌채 발생률 증가와 관련이 있다Charner et al., 2019. 아울러 특정 사례는 침략자들에 의한 마을 농장의 손실과 원주민의 신체적 피해와 같은 갈등을 보여준다12. 예로, 2019년 무장된 광부 무리의 마을 공격은 공동체 지도자들의 치명상과 지도자 에미라Emyra의 살해, 그리고 가축류 및 농장의 파괴로 이어졌다Defend Democracy in Brazil, 2019; Londoño, 2019; Charner et al., 2019.

침략자들이 일으킨 갈등에 대응하여 와자피 원주민들은 그들의 땅을 보호하고 관리하려고 적극적인 조치를 취한다. 정보 공유11를 통해 침입자의 존재에 대해 서로 경고하고DDB-NY, 2019 감시 방법을 논의한다Apina et al., 2017. 또한, 마을 구성원은 아피나Apina, 아피와타APIWATA 및 아와탁Awatac과 같은 내부 협의회와 사회환경 관리 계획에 따라 지역regional, 지역 간cross-regional 및 총회general에 이르기까지 다양한 수준으로 자체 조직13을 구성한다. 동 계획에는 외부 이용자의 침입을 통제하려는 공동체의 결연한 의지가 드러나는데, 특히 통제와 감시 목표에 대한 지표 '영토 내 침입자의 채광, 벌목, 수렵, 어업 활동 위치 지도화'는 영토 보호의 의지를 나타낸다Apina et al., 2017: 88.

또한, 와자피 공동체는 정부 및 비정부기구와 네트워킹 활동14을 형성하는 데 전념한다. 이는 와자피 사회환경 관리 계획과 사전 협의 요청의 두 가지 방식으로 반영된다. 첫 번째로, 동 계획이 제안한 영토 및 환경 관리에 대한 공공 정책은 목표 2를 '와자피 원주민 영토의 침략 방지, 이웃과의 갈등 방지 및 주변 지역의 환경 파괴 방지'로 설정하는데2017: 80, 이에 대해 인근 보존 단위를 관리하는 기관이 도움을 줄 것을 요구한다. 이는 특히 북부 경계 정착 사업에 대해 와자피 영토 주변 지역의 관리자들과의 정치적 유대를 강화하여 동 사업으로 유입되는 정착민들로 인한 추가 침략을 통제하려는 공동체의 노력으로 이해할 수 있다2017: 40. 둘째, 2017년 5월 정부와 와자피 공동체 간의 사전 협의는 와자피 영토 주변 지역의 점령 및 사용 규정에 관한 원주민들의 논의 참여를 목표로 했다. 특히 아마파주 내 토지 재분배 및 농업 개혁 사업인 북부 경계 정착 사업의 확대와 관련한 사전 협의 과정이 있었고, 원주민의 요구 사항은 다음과 같이 정책에 반영되었다Amapá State Government, 2017. 협의를 통해 아마파 주립 산림 기구IEF[12]는 와자피 원주민 토지와 아마파 주립림 사이에 별도의 위원회로 관리될 통로의 설립을 발표하였다. 동 위원회는 와자피 원주민, 정착민, 국립 식민지 및 토지 개혁 기관INCRA[13]과 주정부 관리자들로 구성되며, 원주민 토지에 대한 근접성과 영향을 고려하여 신규 정착의 사회적, 경제적 및 환경적 측면에 관한 상세한 평가를 수행하게 된다. 이는 원주민 영토에 대한 침해 또는 부당한 간섭을 방지하기 위해 경계를 설정하여 향후 침략을 방지하는 것을 목표로 한다.

이처럼 자체 조직화를 통해 와자피 공동체는 자치와 영토 보호에 적극적으로 참여하여 자원, 토지 및 권리에 영향을 미치는 의사 결정 과정에서 적극적으로 의지를 표현한다. 자원 고갈 위협의 증가로 외부 이용자에 대한 통제의 중요성이 강조되는 가운데, 부당한 침해 방지를 위한 2017년 경계정착사업 사전 협의와 그에 따른 원주민의 영토 경계 관리의 포함은 사회적 성과로서 강한 수준의 효율성, 형평성, 책임성 및 지속 가능성을 보인다O1. 또한, 이에 따라 〈그림 1〉에 반영된 낮은 삼림 벌채 수준과 같이 복원력, 생물 다양성 및 지속 가능성을 포함한 생태학적 성과가 보장될 가능성이 크다O2. 실제로 2002년에서 2018년 사이 와자피 공동체는 원주민 토지의 약 1%만을 사용했는데, 이는 10%를 사용한 동일 주 내의 갈리비Galibi 원주민 토지에 비해 낮은 수준의 삼림 이용임을 암시한다Campos et al., 2021: 332.

12 Amapá State Forest Institute

13 National Institute for Colonization and Agrarian Reform

사회생태체계 변형 프레임워크에 따른 페루 시피보 공동체 분석

1) 자원 시스템RS과 자원 단위RU

시피보 공동체의 인구는 지역 수도인 푸칼파Pucallpa의 북남에 걸친 우카얄리Ucayali 강 주변으로 분산되어 있다. 총 3만 6,000명의 인구는 <그림 2>와 같이 위치에 따라 그룹화되어 약 150개의 하위 공동체로 구성된다Dyck, 2019. 본 연구의 대상인 공동체는 우카얄리의 코로넬 포르티요Coronel Portillo 시정부 내 마을인 카이미토Caimito에 거주한다RS6, IU3. 자원 시스템 크기RS3의 근사치로 카이미토 영토의 규모는 1993년 이후 6,800헥타르 이상 확장된 것으로 보고된다USAID, 2022: 19. 동 지역에서 주목되는 특징은 원주민 영토와 이미리아 보전지역ACR Imiría과의 중첩이며, 이 보전지역은 우카얄리 주정부가 2010년에 설정한 아마존 습지 생태계의 보전을 목표로 한다.

시피보 영토의 삼림RS1은 이동적인 면의 고정성RU1과 숲 역학의 안정성과 일관성RS5, 그리고 성장 및 교체 속도RU2에 있어 삼림이라는 공통된 부문적 특성을 기반으로 하여 와자피 영토와 유사한 특성이 있을 것으로 가정된다. 농업과 목재 수확을 통한 식량 소비와 소득 창출이 자원 이용의 주목적IU7이므로 공동체는 지속 가능한 사용을 중요시하고, 이는 전통적인 농업 관행으로 유지된다. 이러한 요인들은 오스트롬이 강조한 바와 같이 공동체 구성원에 의한 공동자원의 관리 가능성을 높이는 요소들이다.

2) 내부 사용자들IU

1930년대 이미리아Imiría호수 주변 숲에 최초로 정착한 존재IU2로 알려지는 카이미토의 시피보 공동체는 약 750명IU1으로 구성된 것으로 추정된다Galdos and Somra, 2020. 와자피와 시피보 공동체 간 영토 크기와 인구에는 차이가 존재하나, 이는 큰 영향을 미치지 않는다. 그보다 내부 사용자들의 행동적 특성이 주목되는데, 비교적 적은 정도의 규범과 사회적 자본이 공유되며, 관심사를 모아 목소리를 낼 수 있는 리더십 또한 부족하다IU5, IU4. 이는 첫째, 지방정부의 보전지역 기지에서의 평화시위와 둘째, 숲을 보호하기 위한 자체 원주민 경비대Guardias Indígenas의 조직으로 나타난다.

카이미토의 시피보 내부 조직은 와자피 공동체에 비해 정부와의 체계적인 상호작용이 적다. 2022년 7월 시피보 구성원 연합이 지역 정부가 감시 센터로 설립한 후닌 파블로Junín Pablo의 경비초소에서 평화시위를 벌인 사건이 그 예시이다. 그들은 보호구역 내 공무상 부패에 대한 불만을 표명하고 정부의 구역 운영 및 관리를 제거할 것을 요구했다. 그러나 이는 단기간의 시위에 그쳤으며 이후 공동체의 체계적인 대응은 부재했다. 또한, 시피보 원주민 경비대는 시피보 영토 수비대로서 조직되었으나 지속되는 영토 침입을 막기에는 불충분했다. 결과적으로 이러한 원주민 조직 활동은 정부로부터 공식적인 인정과 대응을 받지 못했다.

3) 외부 사용자들EU

와자피 공동체와 마찬가지로 시피보 공동체의 숲은 외부인의 불법 자원 착취 증가로 인해 자원 희소화RS4의 위협을 받는다. 이러한 위협은 원주민 영토와 이미리아Imiría보전지역의 중첩과 경계에서 목재 기업 및 개인 농부 대상의 토지 양도로 인해 증가했다RS2. 오늘날 시피보 공동체는 역사적으로 자원이 풍부한 숲에 가해지는 압력 증가와 함께 과거의 지속가능한 자원 관리가 외부인으로 인해 어려워지는 상황을 겪고 있다. 이에 대한 주요 원인은 상업적 자원 이용자의 부패로 인한 토지 양도 및 사업권의 부재EU2, 그리고 수익 추구적 행위 양식에EU5 따른 무분별한 추출에 있다EU1. 구체적 통계자료는 부재하나, 원주민 공동체 영토 내 공동자원이 착취되는 보고가 지속해서 발견된다EU4. 불법 벌목, 토지 침해, 무단 어업 활동과 관련된 사건이 증가하고 있으며Begert, 2023, 이는 불법 자원 추출, 특히 벌목 및 토지 밀매를 억제하기 위한 보전지역의 명시적 목표와 상반된다.

토지 밀매는 열대우림 내 산업 농민과 지역 공무원들의 결탁으로 악화하였다. 보전지역 근처의 벌목 기업에 열대우림 임대가 허용되어 불법 벌목과 코카 재배가 증가했으며, 종종 정부 지원을 받아 저렴한 토지를 찾아 해당 지역으로 이주하는 소작농과 원주민 사이에 갈등도 발견된다 Begert, 2023. 특히 볼리비아의 메노나이트Mennonite 이주민들이EU3 2015년에 시피보 공동체 지역 내 73헥타르를 포함한 총 500헥타르의 토지를 취득하여 개간한 것으로 나타났다. 우카얄리 농업부Ucayali Ministry of Agriculture는 환경 검사의 조사 대상이 되었고, 메노나이트에 의도적으로 농지를 판매하여 토지 약탈 계획을 추진한 것으로 추정된다. 메노나이트 이주민들은 바나나와 카카오 농장, 가축 사육, 수백 에이커의 대두 밭 조성을 위해 산업용 농기구를 사용하여 토지를 개간했다. 이에 대한 원주민들의 평화시위와 고발 제기에도 불구하고 당국의 대응은 상황 파악을 위한 몇 차례의 방문에 국한되어 가시적인 결과를 이끌지 못했다.

4) 거버넌스 시스템GS

카이미토의 시피보 영토 내 자원은 원주민 토지 권리와 정부 보존 노력이 충돌하는 복잡한 거버넌스 시스템의 적용을 받는다. 시피보 공동체는 1975년 공식 토지소유권을 획득했으나, 이후 2010년에 설립된 이미리아 보전지역Imiría Regional Conservation Area, ACR의 영토 간 중첩으로 공동체의 자원 사용은 정부 보전지역 규정에 따라 제한되었다GS5. 이미리아 보전지역을 설정하는 최고 법령Supreme Decree Nº 006-2010-MINAM[14]의 제5조는 지역 주민의 천연자원 사용이 관할 당국의 환경 영향 평가에 따라 통제되고 승인되어야

14 Supreme Decree Establishing Imiría Regional Conservation Area

한다고 명시한다GS7. 동 보전지역의 규제로 인해 특정 시피보 구성원들은 규정 위반으로 체포나 처벌을 당하기도 한다. 예로, 일부 가족은 벌금을 부과받고 하류 지역 판매 대상인 목재 통나무를 압수당하며, 일부 개인의 농업 활동의 확장이 금지되었다.

이는 임업 관리를 분권화하려는 정부 결정의 변화로 인해 더욱 복잡해진다. 1990년대와 2000년대 초반에 정부는 원주민들이 법적 공동 관리자로서 역할을 하는 공동 보호구역을 만들었다. 그러나 2005년 당국은 새로운 정권의 계획에 따라 토지 양도를 위해 보전지역의 면적을 줄이도록 조정했다Begert, 2023. 새 모델은 원주민이 공동 관리자로 참여할 필요가 없었기에 이 변화는 공동체의 우려를 불러일으켰다. 또한, 원주민들은 지역 생태계의 복원과 보전이라는 초기 관리 계획의 목표에도 불구하고 상황이 악화했다고 주장한다.

우카얄리주 내 시피보 원주민들은 공동체 및 영토의 보호를 위해 자체 원주민 경비대Guardias Indígenas를 구성했고GS8, 동 조직은 야리나코차Yarinacocha 지역에서 개최된 원주민 경비대 국회Congreso Nacional de Guardias Indígenas에서 발표되었다Servindi, 2021/11/27. 카이미토를 포함한 여러 공동체[15]가 지역 이사회로 조직되었고, 카이미토의 경비대는 무단 벌목, 불법 어업, 숲 내 마약 밀매와 관련된 활동에 관여하는 외부인의 침입을 감시하기 위해 자체적으로 조직한다Imiría Indigenous Ecological Area, 2023. 그러나 원주민들의 경비만으로는 증가하는 침입이 차단되지 않으며, 정부와의 구조화된 협업이 요구된다.

15 파오얀(Pahoyan), 솔 나시엔테(Sol Naciente), 산타 클라라(Santa Clara), 누에보 에히프토(Nuevo Egipto), 플로르 데 우투키니아(Flor de Utuquinia) 및 산 프란시스코(San Francisco)가 포함된다.

5) 상호작용I 및 결과O

카이미토의 주요 상호작용은 외부 사용자의 침입으로 인한 사용자 간 갈등I2으로 특징지어지며, 정보 공유I1, 자기 조직화I3, 원주민과 정부 및 비정부 기관 간 네트워킹 활동I4에서 낮은 수준의 체계적 대응을 보인다. 카이미토 내 농부, 밀렵꾼, 토지 약탈자, 다양한 합법적 및 불법 구조로 활동하는 조직을 포함한 외부 사용자들이 종종 정부의 지원을 받아 값싼 땅을 찾아 동 지역으로 이주하여 갈등을 야기하는데Farman and Morales, 2022; Begert, 2023, 이에 대한 원주민들의 자기 조직화 활동은 일부 이루어졌으나I3 정보 공유는 활발하지 못하였다I1. 원주민들은 당국의 사전 협의 법적 절차 미준수와 보호구역의 영토권 위반 설립에 대한 문제를 제기하고, 토지를 원주민 공동체에 위임하여 관리할 것을 항의했다. 그러나 규제의 시행은 계속되어 원주민들의 자원 사용을 개인 용도의 농업, 목재 채취, 어업에 제한하여 소득 창출을 통한 생계 활동을 극도로 제약했다. 대안 방안으로 지역 정부가 소수의 여성을 대상으로 공예품 판매를 통한 소득 보상 프로그램을 실행했으나, 이는 원주민들의 소득 창출에는 효과를 불러오지 못했다.

또한, 카이미토 시피보 공동체의 노력은 간헐적인 항의 및 법적 소송에 국한되어 가시적인 결과를 얻지 못했다. 카이미토 지역 외부의 시피보 단체들로 대상을 넓혀 고려하자면, 원주민의 영토 관리권 보호를 지원하는 일부 움직임이 있었다. 예시로, 2022년 8월 카이미토 마을의 소규모 시피보 원주민 경비초소 평화 시위 이후, 주 단위의 시피보 코니보 제테보 협의회Shipibo Konibo Xetebo Council, COSHICOX와 우카얄리 원주민 종합 연합Overarching Indigenous Federation of Ucayali, ORAU은 모임을 개최하여 보호구역 사무소의 통제 반대에 대한 지지 서명을 하였고 그들만의 제안을 제출할 의향을 밝혔다. 그러나 이 또한 카이미토 내 시피보 원주민의 자체 내부 조직이 주도하는 강력한 조정 없이는 영향력이 제한된다. 더욱이 해당 영토에 대한 지역 당국과 상업 농민 및 기업 간의 공모를 감안할 때 카이미토의 원주민 경비대만으로는 외부인의 침입 방지가 불가능하다. 지속적인 경계 순찰이 추가로 필요한 상황이며, 부패한 지역 당국의 불법 토지 임대를 금하는 법적 조치 이행을 위해 지방정부와의 추가적인 협력[I4]이 요구된다.

따라서, 이러한 행위자 간의 상호작용 패턴은 카이미토 마을 시피보 원주민의 사회적 성과 측정에 있어 낮은 효율성, 형평성, 책임 및 지속 가능성을 반영한다[O1]. 이에 따라 과도한 수확과 증가하는 삼림 파괴로 인한 낮은 회복력 또한 지속될 것이며, 이는 생태적 성과 측정[O2]에서도 부정적인 결과를 가져올 것으로 예상된다.

두 공동체의 주요 변수 비교: 영토주권 및 체계적 대응

두 지역 간 비교 분석에서 주요한 결론은 외부 사용자의 존재를 포함한 오스트롬의 이론적 틀에서 두 원주민 공동체가 상이한 대응을 보인 주요 요인은 영토주권과 체계적 대응이라는 것이다. 자연 친화적인 자원 관리를 이어온 원주민 구성원들의 효과적인 외부 사용자 통제는 원주민 공동체와 정부 간의 긴밀한 협동을 요구한다. 한편으로는 정부가 원주민 공동체를 존중하는 정도와 그 존중이 입증되는 경로의 확인 또한 중요하다. 정부가 삼림 관리에 대한 원주민 공동체의 자율성을 인정하고 의사 결정 과정에 공동체를 포함하는 방식은 두 지역에서 다르게 나타난다. 브라질의 원주민 보호구역 환경 및 영토 관리를 위한 국가 정책[PNGATI]은 원주민 공동체 자체가 수립한 원주민 관리 계획[PGTA]을 기반으로 하며, 정부도 원주민 토지에 영향을 미치는 토지 개혁 및 조성에 대해 공동체와 사전 협의를 이행한다. 반면 보호구역과 중첩된 시피보 원주민 영토의 상황에서 페루는 이미리아 보전지역[ACR]의 규정으로 공동체의 자원 사용을 제한한다. 페루 정부는 공동체가 수립한 관리 계획을 채택하거나 공식적인 사전 협의를 실행할 수단과 방법을 갖추고 있지 않다.

본 연구에서는 정부의 조치에 대한 공동체의 인식과 체계적인 대응이 중요한 것으로 분석되었다. 와자피 공동체의 경우 내부 위원회, 특히 아피나Apina, 아피와타APIWATA 및 아와탁Awatac은 PNGATI 국가 정책을 인지하고 비정부기구의 적극적인 참여를 활용하여 자체 원주민 관리 계획을 수립했다. 또한, 와자피 공동체는 한 단계 더 나아가 와자피 협의 규약서 성명을 통해 정부가 정보에 입각한 자유로운 사전적 협의의 권리를 보장할 것을 공식적으로 요구했다. 그 결과 원주민 공동체는 협의를 통하여 토지 개혁 사업의 외부 이주를 관리하는 공동 관리자로 임명되었다. 이와 대조적으로 카이미토 마을의 시피보 공동체는 정부의 자치권 침해에 대해 체계적으로 대응하는 데 덜 효과적이었다. 일부 평화 시위와 소송은 있었으나, 체계적인 조치와 그러한 이니셔티브를 수행할 내부 위원회가 부재했다. 실제로, 지역 당국과의 인터뷰에서 관계자들이 PNGATI 2023 마스터플랜을 기반으로 공동체에 접근하여 우려 사항을 해소하려고 시도했을 때 원주민들의 저항과 협력 부족에 직면했다고 답변했다gob.pe, 2022.

자원 관리의 시사점과 향후 과제

오스트롬의 이론적 틀은 자원 단위의 이동성, 자원 시스템의 크기, 규범 및 사회적 자본을 포함하여 사용자들의 자원 시스템 관리를 위한 자체 조직화를 이끄는 요소에 집중한다. 본 연구에서는 원주민과 외부 자원 개발자를 내부 사용자와 외부 사용자로 각각 구분하여 외부 사용자로 인해 발생한 사회 환경적 문제에 대처하는 상호작용을 분석하였다. 변형된 이론적 틀을 활용한 비교 분석 결과, 두 원주민 공동체의 대응에 영향을 주는 주요 변수는 영토주권과 체계적 대응이라고 할 수 있다. 브라질의 경우, 와자피 공동체는 토지소유권과 자치권을 통해 영토주권을 보장받고 있다. 또한, 외부 사용자들과의 갈등에 대해 원주민들은 내부 협의회를 통해 자체적인 관리 계획과 사전 협의 규약서를 수립하여, 지속해서 삼림 파괴를 초래하는 침입자들을 통제하기 위한 정부의 지원을 체계적인 방식으로 요구하였다. 반면 페루의 시피보 공동체의 경우, 토지소유권은 보장되었으나 국가 보전지역의 규정을 준수하도록 강제하는 주 법률로 인해 자체적인 효과적 영토 관리에 제한을 받는다. 또한, 영토주권의 부재로 시피보 공동체에는 당국과의 협상 및 외부 사용자 통제를 위한 조치 계획 수립 등의 대응이 체계적으로 이루어지지 못했다. 이러한 연구 결과에 비추어 볼 때, 외부 사용자들로 인한 공동자원 사용의 갈등 속에서 숲을 효과적으로 관리하려면 원주민 권리의 중요성에 대한 인정과 공동체의 주도에 맞춘 원주민 구성원, 정부, 비정부기구 간 노력의 조정이 강조된다.

참고문헌

김유경, 김원호. (2015). "페루의 자원개발과 지역갈등: 갈등의 성격과 저항의 정치적 의미를 중심으로", 『*중남미연구*』 *34*(2), 145-173.

Amapa State Government. (2015). *Instituições e povo Wajãpi definem a primeira consulta prévia na Terra Indígena*. https://www.amapa.gov.br/noticia/0206/instituicoes-e-povo-wajapi-definem-a-primeira-consulta-previa-na-terra-indigena

Amapa State Government. (2017). *Indígenas são consultados sobre proposta do GEA na Aldeia Wajãpi*. https://www.amapa.gov.br/noticia/2205/indigenas-sao-consultados-sobre-proposta-do-gea-na-aldeia-wajapi

Apina, Awatac, & Iepe. (2017). *Social and environmental management plan for the Wajãpi Indigenous Land*. https://institutoiepe.org.br/2017/07/plano-de-gestao-socioambiental-terra-indigena-wajapi/

Begert, B. (2023, April 20). Peru's Shipibo people fighting to reclaim management of their land. *Pulitzer Center*. https://pulitzercenter.org/

Brasilia, DF. (2018). *Second summary of information on how the Cancun safeguards were addressed and respected by Brazil throughout the implementation of actions to reduce emissions from deforestation in Amazon Biome*. https://redd.unfccc.int/files/2sumariosalv_br_final.pdf

Campos, A., Nascimento, F., & Cunha, H. (2021). The sustainability of Indigenous lands in Amapa State. *Sustentabilidade em Debate, 12*(3), 324-359.

Charner, F., Soares, I., Munayyer, W., & Gomes, A. (2019, August 27). Brazil's Indigenous guardians of the Amazon. *CNN*. https://www.cnn.com/

Cimi. (2022). *Invasions in Indigenous lands increased in 2021, in a context of violence and attack against constitutional rights*. https://cimi.org.br/2022/08/cimi-violence-against-indigenous-peoples-report-2021/

Congressional Research Service. (2021). *Indigenous peoples in Latin America: Statistical information*(R46225). https://crsreports.congress.gov/product/pdf/R/R46225

Cronkleton, P., & Larson, A. (2015). Formalization and collective appropriation of space on forest frontiers: Comparing communal and individual property systems in the Peruvian and Ecuadoran Amazon. *Society & Natural Resources, 28*(5), 496-512.

Dawson, N. M., et al. (2021). The role of Indigenous peoples and local communities in effective and equitable conservation. *Ecology and Society, 26*(3). https://www.ecologyandsociety.org/

Defend Democracy in Brazil. (2019). *Fourth note from the Apina on the invasion of the Wajãpi Indigenous Land*. https://www.defenddemocracyinbrazil.org/news/08-02-fourth-note-of-apina-amazon

Dyck, M. (2019). Precarious resilience: An ethnography of Shipibo communities. *Tropical Resources, 39*, 1-10.

FAO. (2020). *Transforming agriculture and food systems: Halting deforestation and promoting sustainable production and consumption of forest products*. https://www.fao.org/3/nd565en/nd565en.pdf

Farman, A., & Morales, R. (2022). *State-controlled conservation and USAID aid green grabbing against Indigenous peoples in Peruvian Amazon*. https://www.culturalsurvival.org/news/state-controlled-conservation-and-usaid-aid-green-grabbing-against-indigenous-peoples-peruvian

Figueroa, R. M. (1999). *Debating the paradigms of justice: The bivalence of environmental justice*(Doctoral dissertation, University of Colorado).

Finley-Brook, M. (2016). Territorial 'fix'? Tenure insecurity in titled Indigenous territories. *Bulletin of Latin American Research, 35*(3), 338-354.

Galdos, G., & Somra, G. (2020, June 23). In this Indigenous village, two nurses care for hundreds of COVID-19 patients. *CNN*. https://www.cnn.com/

Gallois, D. (2018). Wajãpi - Indigenous peoples in Brazil. *Instituto Socioambiental*. https://pib.socioambiental.org/en/Povo:Waj%C3%A3pi

Garnett, S. T., et al. (2018). A spatial overview of the global importance of Indigenous lands for conservation. *Nature Sustainability*, 1, 369-374.

Global Forest Watch. (n.d.-a). *Map*. https://gfw.global/3E3gJfi

Global Forest Watch. (n.d.-b). *Map*. https://gfw.global/44imMqT

gob.pe. (2022). *ARAU llegara hasta el ACR Imiría para solucionar conflicto de indígenas*. https://www.gob.pe/institucion/regionucayali/noticias/638930-arau-llegara-hasta-el-acr-imiria-para-solucionar-conflicto-de-indigenas

Green Jurisdictions Database. (2018). *Jurisdictional metrics*. https://greenjurisdictions.org/database#jurisdictional_report

IBGE. (2015). *Amapá*. https://cidades.ibge.gov.br/brasil/ap/amapa/panorama

Imiria Indigenous Ecological Area. (2023). *Reportes de vigilancia*. https://www.areaecologicaindigena.org/informes-de-vigilancia

ISA. (2018). *Wajãpi*. https://pib.socioambiental.org/en/Povo:Waj%C3%A3pi

IPBES. (2019). *The global assessment report on biodiversity and ecosystem services*. https://www.ipbes.net/sites/default/files/inline/files/ipbes_global_assessment_report_summary_for_policymakers.pdf

Kageyama, A. A. (2008). *Desenvolvimento rural: Conceitos e aplicação ao caso brasileiro*. UFRGS Editora.

Linke, I., Apalai, C., Vieira, I., & Araujo Santos, R. (2020). Territorial and environmental management in the Indigenous lands of Paru de Leste River: A collective challenge in the northern Brazilian Amazon. *Sustainability in Debate, 11*(1), 51-66.

Londono, E. (2019, July 27). Miners kill Indigenous leader in Brazil during invasion of protected land. *The New York Times*. https://www.nytimes.com/

Marquardt, K., Pain, A., Bartholdson, O., & Rengifo, L. R. (2019). Forest dynamics in the Peruvian Amazon: Understanding processes of change. *Small-scale Forestry, 18*, 81-104.

Martinez Cobo, J. R. (1987). *Study of the problem of discrimination against Indigenous populations*. https://digitallibrary.un.org/record/133666

Mata, N., Sousa, R., Perazzo, F., & Carvalho, J. (2012). The participation of Wajãpi women from the state of Amapá (Brazil) in the traditional use of medicinal plants - A case study. *Journal of Ethnobiology and Ethnomedicine, 8*(48).

Moreno, E., Oliveira, J., Shimabukur, P., & Carvalho, L. (2018). Licenciamento ambiental de grandes empreendimentos: Quais os limites para avaliação de impactos diretos e indiretos em saúde? Estudo de caso na Terra Indígena Wajãpi, Amapá. *Boletim do Museu Paraense Emílio Goeldi Ciências Humanas, 13*(3), 519-540.

Ostrom, E. (2005). *Understanding institutional diversity*. Princeton University Press.

Ostrom, E. (2009). A general framework for analyzing sustainability of social-ecological systems. *Science, 325*(5939), 419-422.

Parkswatch. (2003). *Profile of protected area - Peru El Sira Communal Reserve*. http://www.parkswatch.org/parkprofiles/pdf/escr_eng.pdf

Porro, R., Lopez-Feldman, A., & Vela-Alvarado, J. W. (2015). Forest use and agriculture in Ucayali, Peru: Livelihood strategies, poverty and wealth in an Amazon frontier. *Forest Policy and Economics, 51*, 47-56.

Praeli, Y. (2019, August 12). In Peru, a corrupt land-titling scheme sees forests sold off as farms. *Mongabay*. https://www.mongabay.com/

RCA and Rainforest Foundation Norway. (2021). *Plans for territorial and environmental management of Indigenous lands (PGTAs)*. https://dv719tqmsuwvb.cloudfront.net/documents/RF_Plans_for_PGTAs_0322.pdf

Servindi. (2021). *Ucayali: Forman guarda indígena del pueblo Shipibo Konibo*. https://www.servindi.org/actualidad-noticias/27/11/2021/forman-guarda-indigena-del-pueblo-shipibo-konibo

Smith, J., & Schwartz, J. (2015). *Deforestation in Peru*. World Wildlife Fund. https://www.worldwildlife.org/

Sousa Costa, J., & Borges, W. (2021). Characterization of the municipalities of Amapá State, Brazilian eastern Amazon, regarding the differences in the levels of development. *Revista Brasileira de Gestão e Desenvolvimento Regional, 18*(1), 347-360.

Tierras Vivas. (n.d.). *Mennonites in Peru: The hidden history of the delivery of forests in Masisea*. https://www.tierrasvivas.com/en/travel-blog/mennonites-peru-abram

Tomassoni, T. (2019, July 30). 'We are in great danger': In Amazon, Indigenous Waiãpi chief is killed by illegal miners. *NBC News*. https://www.nbcnews.com/

Tomassoni, T. (2019, August 25). The Amazon's best hope? A female Indigenous chief is on a mission to save Brazil's forests. *NBC News*. https://www.nbcnews.com/

USAID. (2022). *The right of access to land titling for native communities in the Peruvian Amazon*. https://pdf.usaid.gov/pdf_docs/PA00ZQ4R.pdf

Whyte, K. (2016). What do Indigenous knowledges do for Indigenous peoples? In M. K. Nelson & D. Shilling (Eds.), *Keeps of the green world: Traditional ecological knowledge and sustainability*(pp. 61-78). Cambridge University Press.

• 곽지원

곽지원은 서울대학교 국제대학원에서 국제학 석사 학위를 취득하였으며, 현재 같은 대학 박사과정에 재학 중이다. 주요 관심 분야는 국제개발과 지속가능개발이다.

(연락처: jeewonkwak@snu.ac.kr)

• 김종섭

김종섭은 시카고 대학교에서 경제학 박사 학위를 취득하였으며, 현재 서울대학교 국제대학원 교수로 재직 중이다. 주요 연구 분야는 국제개발과 중남미 경제이다.

(연락처: chongsup@snu.ac.kr)

2장 브라질 파벨라의 환경 개선 노력에 관한 분석과 개선 방향 모색*

반혜원**, 김종섭***

서론

브라질은 2022년 기준 국내총생산GDP 세계 12위의 경제 대국이다. 하지만 동시에 엄청난 빈부 격차의 문제를 지닌 국가이기도 하다. 2021년 기준 브라질의 GINI계수는 52.9로 전 세계에서 10번째로 높아 빈부 격차 문제를 단적으로 보여준다. 브라질 내에는 파벨라favela라고 불리는 지역들이 존재한다. 브라질 전체 인구의 6%, 리우데자네이루 인구의 20% 정도가 파벨라 지역에 거주하며 리우 내에만 700에서 1,000여 개 사이의 파벨라가 존재한다. 파벨라는 쓰레기 매립장, 산비탈, 삼림보호지역 등 환경적으로 중요한 지역에 형성되기도 하여 다양한 형태의 환경문제를 야기한다. 민주화 이후 브라질 정부는 파벨라를 제거하고자 하였던 과거와

---

* 본 연구는 서울대학교 국제대학원 4단계 BK21 교육연구단『국제지역과 개발의 다학제적 연구를 통한 교재개발』의 지원을 받아 수행되었으며, 「포르투갈-브라질 연구」제20권 제2호(2023)에 게재된 논문을 수정·보완한 것입니다.

** 서울대학교 국제대학원 석사과정

*** 서울대학교 국제대학원 교수

달리 파벨라 지역을 개선하고자 하는 방향으로 정책의 노선을 변경하였으며 주택, 환경, 인프라 개선 등 다방면으로 노력하였다. 다양한 외부와 내부의 행위자들 또한 이 과정에 참여하였지만 아직은 환경문제가 크게 개선된 경우는 많지 않다.

본 논문의 목적은 비교적 성공적인 환경 개선이 이루어진 호시냐Rocinha 지역의 사례를 구조적, 행위적인 요인과 다양한 행위자들 간의 상호작용을 통해 파악하고, 이를 통해 성공적인 환경 개선 사례의 특징을 분석해 브라질 전역에 펴져 있는 파벨라들의 환경문제에 대한 개선 방향을 모색하려는 것이다. 본 논문에서는 노만 롱의 행위자 중심 접근법Actor-oriented approach을 활용해 파벨라 내 환경보전 사례를 연구하고자 하였다. 롱은 구조와 행위의 상호작용을 통해 사회가 변화하고 발전한다고 주장하며 다양한 행위자들 간의 상호작용의 중요성을 강조하였다. 파벨라의 경우 빈곤, 불법 건축, 환경문제 등의 공통적인 구조적 문제를 지니고 있다. 또한, 파벨라 내에는 다양한 지배구조가 나타난다. 외부 행위자와 내부 행위자 간의 상호작용은 구조적 요인의 변화를 이끌어내며 사회의 발전을 가능하게 한다. 따라서 본 논문에서는 구조적, 행위적 요인을 분석할 수 있는 분석틀을 설정했다. 이를 호시냐Rocinha 파벨라의 사례에 대입해 환경보전에 영향을 미치는 요인을 구조적 측면과 행위적 측면의 상호작용을 바탕으로 분석해보고자 한다.

파벨라의 발생과 변화

1. 파벨라의 역사

파벨라는 원래 브라질 북동부 카누두스Canudos 언덕에 나는 나무의 이름이다. 19세기 초 브라질에서 노예제가 폐지되면서 갈 곳을 잃은 해방 노예들은 갈 곳을 잃고 떠돌아다니거나, 지주에게 붙잡혀 심하게 착취당하는 경우가 많았다. 이런 상황에서 선교사 안또니우 콘셀레이루António Conselheiro는 갈 곳 없는 해방 노예들과 농민들을 중심으로 한 자급자족 사회인 카누두스 커뮤니티를 설립하였다. 노동력 부족으로 어려움을 겪고 있던 대규모 농장주들은 예전에 그들을 위해 일하던 노동자들이 카누두스에서 자급자족하는 것을 보고 불만을 가졌으며, 공화정 정부 역시 안토니우가 왕정에 대한 충성을 설교하는 점이 마땅치 않았다Perlman, 2011: 74-75. 결국, 이 커뮤니티를 붕괴시키려 정부는 수천 명의 군사를 카누두스 지역에 파견하였으며, 이로 인해 상당수의 주민들이 사망하였다Perlman, 2011: 75. 전쟁에 파견된 군사들이, 전투가 끝난 후 리우로 이동하여 약속받은 토지를 기대하며 언덕에 텐트를 치고 기다렸는데, 이 거주지가 '파벨라'라고 불린 것에서 시작하여 1920년대에는 불량 주택 주거지, 판자촌, 모든 형태의 변칙적인 주거지, 또는 비정상적인 집적 지구에 대한 포괄적 명칭으로 확장되었다Perlman, 2011: 78. 1930년대에는 파벨라를 일탈 지구로 정의한 첫 번째 법적 정의가 있었으며, 현재는 리우데자네이루, 상파울루 등 브라질 도시의 언덕이나 저지대를 따라 성장한 집단 거주지의 명칭으로 더 알려져 있다.

2. 파벨라 관련 정책의 변화

1964년 4월 1일 군사쿠데타로 브라질에는 독재정권이 들어섰고, 정권은 급격하게 퍼진 파벨라 지역들에 대해 강경한 정책들을 펼쳤다. 군사정권은 '권위주의형' 도시 거버넌스 모델에 근거하여 도시 공공 정책을 펼쳤는데, 특히 파벨라를 배타적인 도시 공간으로 인식하고 철거 혹은 통제하는 정책을 펼쳤다서지현, 2021: 17. 이는 파벨라 지역은 치안이 불안정하고 주민들은 가난하여 삶의 질을 개선할 의지가 없는 사람들이라는 부정적인 시각에서 기인하였다. 1985년 민주화 이전까지 파벨라에 대한 정부의 공공 정책은 건강한 도시지역에서 '암 덩어리를 잘라내는 방식'을 따르는 것이었다Perlman, 2011: 514. 군사정권은 파벨라 지역을 범죄, 마약 등의 소굴이자 공산주의자들의 근거지로 인식하여, 불법적으로 땅을 점유하고 있는 파벨라의 가옥들을 철거하고 그 주민들을 새로 조성된 집단거주지로 이전하는 데 많은 노력을 기울였다Duarte & Magalhaes, 2009: 3. 브라질의 국영주택은행Banco Nacional de Habitação은 저소득계층을 위한 주택을 건설하여 파벨라 주민들을 이주시키고자 하였다. 또한, 대도시권 사회적 주택 조정위원회Coordenação da Habitação de Interesse Social da Área Metropolitana: CHISAM는 파벨라 철거를 위한 프로그램으로 1968년부터 1975년까지 7년간 100여 개의 파벨라와 10만 채가 넘는 주택을 철거하였으며, 이에 따라 50만 명에 가까운 사람들이 주거지를 잃었다Perlman, 2011: 522. 주택 회사인 COHAB-GBCompanhia de Habitação Popular do Estado da Guanabara는 파벨라 주민들의 재정착 과정에 참여하였는데 1974년까지 32개의 지역에 4만 277채의 주택을 지어 21만 5,000명의 파벨라 지역 철거민을 이주시켰다. 하지만 철거에 초점을 맞춘 정책은 결국 성공하지 못하였고 오히려 파벨라는 더욱더 빠른 속도로 성장하였다.

브라질이 1985년에 민주주의를 회복하였을 당시 리우데자네이루 유권자의 3분의 1 이상이 파벨라 등의 비공식부문 주택의 주민들이었으며, 파벨라는 손쓸 수 없을 정도로 넓게 퍼져 있었기 때문에 파벨라의 철거는 정치적으로 불가능해졌다. 민주화 이후로 정부는 파벨라를 철거하기

보다는 개선하는 쪽으로 정책 방향을 바꾸었다. 대표적으로 1994년부터 2005년까지 2차에 걸쳐 진행된 파벨라 - 바이후Favela-Bairro 사업이 있다. 이는 리우데자네이루에서 시작된 도시 개발 사업으로 지역 주민과 함께 파벨라 지역의 건강, 환경, 인프라 문제 등을 개선하고자 하는 목적으로 다양한 프로그램을 전개하였으며, 결과적으로 114개의 파벨라가 혜택을 받았다. 이 외에도 2009년에 시작된 주택 개발 및 인프라 개발 프로그램인 '내 집 내 삶'Minha Casa Minha Vida, 2010년에 시작된 도시 개발 프로그램인 Morar Carioca 프로그램 등 파벨라 주민들이 좀 더 건강하고 안전한 환경에서 살 수 있도록 한 다양한 프로그램들이 진행되었다. 정부가 파벨라 지역 개선을 위한 움직임을 보임에 따라 국제기구들과 파벨라의 주민 등 여러 주체 또한 파벨라 지역의 개선에 참여하기 시작하였다. 치안, 환경, 주택, 인프라 등 여러 문제에 대한 개선이 다각도에서 이루어졌지만 아직은 혜택이 소수의 파벨라에 집중되어 있으며, 상당한 정도의 환경 개선을 이뤄낸 파벨라는 소수에 불과하다.

파벨라의 환경문제

환경문제는 전 세계적으로 중요한 문제이며 다양한 공간에서 발생한다. 본 논문에서 파벨라 지역을 연구 대상으로 삼은 이유는 리우데자네이루 인구의 20% 정도가 파벨라 지역에 거주하고 있고 다양한 환경문제가 파벨라 내에 나타나고 있지만 파벨라 환경 개선을 위한 실질적인 정책적 움직임은 활발하지 않기 때문이다. 환경 개선을 위한 정책과 프로그램들은 주로 소수의 파벨라에 집중되어 있다. 외부의 관심을 받아 정책적인 혜택을 받은 파벨라를 분석해 본다면 어떠한 요인들이 파벨라 내 외부 개입과 환경 보전을 가능하게 하는지를 알아볼 수 있을 것이다.

급속하고 계획되지 않은 도시화, 부적절한 기반 시설, 기본 서비스에 대한 제한된 접근, 사회 경제적 불평등 등 다양한 요인으로 인해 파벨라에서는 많은 환경문제가 발생하고 있다Libertun de Duren et al., 2021: 1.

첫째, 파벨라는 환경오염을 발생시키는 원인이 된다. 파벨라에는 정식 하수도 시스템, 폐기물 관리 시설, 깨끗한 물 공급 등 적절한 위생 인프라가 부족하기 때문에 하수관을 개방하거나 폐기물을 부적절하게 처리한다든가 하여 강, 시내 및 지하수를 포함한 수원의 오염을 유발하는 경우가 많다Villa, 2020: 222. 또 파벨라의 부적절한 폐기물 관리 및 공식화된 폐기물 처리 시스템의 부족은 토양 오염을 초래하기도 한다. 파벨라의 주민들은 일반적으로 열린 공간이나 비공식 매립지에 쓰레기를 버리고 있어 여기에 포함된 유해 물질, 화학물질 및 오염 물질로 토양을 오염시키는 경우가 많다Villa, 2020: 222. 파벨라는 높은 수준의 대기오염을 발생시키기도 하는데 그 이유는 장작이나 숯과 같은 고체 연료를 요리와 난방 목적으로 태우기도 하기 때문이다. 파벨라에서 흔히 발견되는 소규모 공장 또는 작업장과 같은 비공식 산업의 존재는 오염 물질과 미립자 물질을 방출하여 대기 질을 더욱 악화시키기도 한다.

둘째, 파벨라 주민들은 환경오염으로부터 심각한 피해를 경험하고 있다. 파벨라에서는 하수도 시스템과 쓰레기 수거 체계가 부족하거나 거의 없기 때문에 하수와 고형 쓰레기가 부적절하게 처리되고 있으며, 하천과 지하수 등 수자원이 오염되는 경우가 많다. 물 공급에 어려움을 겪는 파벨라 지역의 주민들은 오염된 하천에서 물을 사용하든가 오염되기 쉬운 불법 수도관이나 비공식 물 공급업체와 같은 비공식적이고 규제되지 않은 물 공급 시스템에 의존하기도 한다. 이러한 물의 사용은 파벨라 주민의 위생과 건강에 큰 위협이 되고 있다. 자르딤 그라마슈 파벨라Jardim

Gramacho Favela 같이 쓰레기 매립장 주변에 위치한 파벨라들도 다수 존재하는데, 이런 파벨라에서는 위생 문제가 더욱 심각하다. 자르딤 그라마슈 쓰레기 매립장은 리우 전역에서 수거된 산업 폐기물과 생활 쓰레기가 모인 라틴아메리카 최대 규모의 쓰레기 매립장이었다. 쓰레기 매립장 주변으로 파벨라 주민들은 허름한 판잣집을 세워 생활하고 있기 때문에 이들이 사용하는 주변의 식수원은 대부분 오염되어 있다고 볼 수 있다. 대기오염도 파벨라 주민들에게 큰 피해를 주고 있다. 파벨라는 산업 시설 혹은 교통 통로와 같은 주요 대기 오염원 근처에 위치하는 경우가 많은데 이러한 지역에 위치한 파벨라 주민들은 대기오염에 항시 노출되어 있다. 또한, 파벨라 지역은 산비탈 등 자연재해에 취약한 지역에 형성되기도 한다Libertun de Duren et al., 2021: 1. 산비탈에 지어진 파벨라들은 산사태, 홍수 등의 자연재해에 취약하며 실제로 많은 파벨라 주민들이 자연재해로 목숨을 잃는다.

파벨라의 이러한 환경문제는 파벨라의 생성과 발달 배경만 봐도 해결이 쉽지 않다는 것을 알 수 있다. 제2차 세계대전 이후 농촌으로부터 도시로의 이주가 폭발적으로 증가하였지만 도시 기반시설과 주택공급은 도시 인구의 증가를 따라가지 못해 파벨라의 수와 규모는 빠르게 증가하였다. 파벨라의 규모는 점차 확대되었으며 지형을 가리지 않고 생겨났기 때문에 쓰레기 매립장, 산비탈, 삼림보호지역 등에까지 침투하여 심각한 환경문제를 야기하였다Libertun de Duren et al., 2021: 1. 도시 인구가 빠르게 증가하였기 때문에 정부는 기본적인 인프라를 제공할 수 없었으며, 대부분의 파벨라들이 불법적으로 조성되었기 때문에 정부로서는 공공서비스를 제공하려는 시도도 하지 않았다. 1980년대 말부터는 마약 카르텔이 파벨라에 진입해 통제하기 시작하였고, 이후 여러 갱단이 하나의 파벨라에 진입하면서 갱단 간의 세력 다툼도 일어나게 되었다. 파벨라에 대한 마약상들의 활동과 지배, 그리고 세력 싸움이 늘어나자, 파벨라는 외부 사람들이 들어가서는 안 되는 위험한 우범 지역이라는 인식이 만연하였다. 이러한 치안 부재는 정부, NGO, 국제기구 등과 같은 외부 행위자들에게도 진입 장벽으로 작용하여, 이들이 파벨라에서 사회사업을 시행하려고 할 때도 갱단의 허락을 구해야 가능한 경우가 많았다. 이에 정부는 2008년부터 평화유지경찰대UPP 제도를 시행하면서 파벨라 내 치안을 강화하고 평화를 되찾고자 하는 노력을 기울이게 되었다.

파벨라의 지배구조는 매우 복잡하고 다양한 모습을 띠고 있다. 범죄조직이 파벨라를 통제하는 경우도 있지만, 많은 파벨라에서 자치적인 주민 협회를 설립해 운영하고 있으며 이들은 주민들과 정부 간의 매개체 역할을 한다. 효율적인 주민 자치기구를 운영하는 파벨라에서는 정부 등 외부 행위자와의 적극적인 교류를 볼 수 있다.

그동안 환경문제가 해결되지 못하였던 제일 중요한 원인은 치안문제가 해결되지 못하였다는 데서 찾을 수 있다. 파벨라에서 주거 및 환경 개선을 위해서는 치안문제 및 지리적 복잡성을 해결하는 것이 우선되어야 하기 때문이다Rekow, 2016: 52-53. 정부 또는 NGO가 환경문제를 해결하고자 새로운 정책 또는 사업을 수행하려고 하여도 치안이 부재한 상황에서는 파벨라에 진입하여 파벨라 주민들 혹은 자치기구와 협조하는 것 자체가 어렵다. 따라서 평화유지경찰대의 설립은 환경문제 해결을 위한 좋은 기회를 제공하였다고 할 수 있다. 그러나 평화유지경찰대가 모든 파벨라에서 설치된 것은 아니며, 또 설치 되었다고 하더라도 모두 치안 개선에 성공한 것도 아니었다. 다음 장에서는 평화유지경찰대가 환경문제 해결을 위해서 어떤 역할을 하였으며 어떤 상황에서 문제 해결이 가능하였는지 분석하고자 한다.

연구의 분석틀

1. 이론적 배경

본 연구의 분석틀을 설명하기에 앞서, 분석틀을 설정하는 데 활용한 이론에 대해 먼저 설명하고자 한다. 파벨라의 구조적인 환경은 대부분 유사하다고 할 수 있다. 그럼에도 불구하고 환경에 대한 노력과 그 노력의 결과가 다르게 나타나는 것은 파벨라에 따라 구성원의 행위와 상호작용이 달랐기 때문이라고 할 수 있다. 본 연구에서는 파벨라의 이러한 차이를 설명하기 위해 행위자에 초점을 맞춰 분석하고자 한다. 파벨라 내 환경문제 개선을 위한 다양한 행위자간의 상호작용을 분석하고자 노만 롱Norman Long의 행위자 중심 접근법Actor - oriented approach을 활용하였다. 롱은 다양한 행위자 간 상호작용의 중요성을 강조하였으며 구조와 행위의 상호작용을 통해 사회가 변화하고 발전한다고 주장하였다. 이에 비교적 성공적인 환경 개선 사례인 호시냐Rocinha 파벨라의 다양한 행위자 간 상호작용을 구조적, 행위적 분석틀을 설정해 분석해 보고자 한다.

1) 행위자 관점 Actor perspectives

노만 롱Norman Long은 개발사회학에서 현상을 설명할 때 '행위자 관점Actor perspectives'이라는 개념을 제시하였다. 이 관점은 개발 연구에서 개인이 주체적으로 행동하며, 그들의 선택과 대응이 발전 과정에 영향을 미친다는 것을 강조한다. 롱은 인간 행위자가 "사회 경험을 처리하고 삶에 대처하는 방법을 고안하는 능력"을 지닌다고 말한다Long, 2001: 16. 따라서, 그는 개인이 사회적 상황에서 주체적으로 대응하는 능력에 주목하고, 이러한 행위가 개인과 사회의 상호작용에 큰 영향을 미친다고 주장하였다Long, 2001: 16-19.

롱은 사회 변화를 국가 및 국제기관과 같은 외부 권력에 의해 결정되는 것으로 보고 개별 행위자의 역할을 무시하는 구조주의 개발 모델을 비판하였다. 그에 따르면 개발 이론도 실천도 사회의 이질성이나 사회 변화를 고려하지 않았으며, 개발 프로젝트는 사람들을 수동적인 수혜자인 동시에 동질적이고 역사가 없는 자들로 취급하였다. 구조주의적인 시각은 인간의 선택과 행동을 무시하고 과소평가한다는 것이다. 사회적 행위자는 외부 개입의 수동적 수용자로 묘사되어서는 안 되며, 외부 기관 및 인력뿐만 아니라 다양한 지역 행위자들과의 상호작용에서 정보를 처리하고 전략을 수립하는 능동적 참여자로 묘사되어야 한다고 주장하였다Long, 2001: 13.

따라서 롱은 중요한 구조적 변화가 외부 세력의 영향시장, 정부 또는 국제기구의 개입으로 인해 발생할 수도 있는 것은 사실이지만 사회 문제 분석의 근거를 외부적 요인에만 두는 것은 옳지 못하며 사회 변화를 이해하려면 내부 및 외부적 요인의 상호작용에 대한 보다 역동적인 접근이 필요하다고 말한다Long, 2001: 13. 또한, 외부 개입이 발전 과정에서 성공적으로 작용하려면 개입하는 정부나 국제기구가 그 지역의 문화와 역사적 배경, 사회경제적 상황 등을 고려하고, 지역주의적인 관점을 존중해야 한다고 주장하였다. 개발 프로젝트를 기획할 때는 그 지역의 행위자들과 긴밀하게 협력하며, 그들의 의견을 수렴하는 것이 중요하다는 점을 강조하였다. 모든 형태의 외부 개입은 필연적으로 영향을 받는 개인과 사회 집단의 기존 삶의 세계로 들어가고, 다양한 행위자와 구조에 의해 매개되고 변형된다. 롱은 외부 개입이 지역주의적인 요인들과 충돌할 경우, 발전 과정에 부정적인 영향을 미칠 수 있다고 지적한다. 따라서, 개발 연구에서는 외부 개입이 발전 과정에 어떤 영향을 미치는지를 면밀히 분석하고, 이를 통해 지역 주체성과 외부 개입의 균형을 유지하는 것이 필요하다고 말한다.

이러한 다양한 행위자들의 상호작용이 개발 과정에 영향을 미치는 것은 복잡하고 다양한 요인들이 상호작용하며 개발 과정을 결정하기 때문이다. 따라서, 개발 연구에서는 이러한 다양한 행위자들의 상호작용을 고려하여 발전 프로젝트를 계획하고, 실행하는 것이 필요하다는 것이 롱의 주장이다.

2) 구조와 행위

노만 롱의 개발사회학 이론은 결국 구조와 행위 모두에 대한 분석을 통한 사회적 현상을 이해하려는 시도였다. 롱은 구조와 행위가 상호작용하며 사회 변화를 형성한다는 것을 강조하였다. 따라서 구조적 요인과 행위적 요인을 모두 고려하는 것이 중요하다는 것을 보여준다. 롱은 사회구조와 개인/집단 행위자 간의 상호작용을 중요시하며, 사회구조와 개인/집단 행위자 간의 관계를 이해하려고 하였다. 그는 개별적인 행위자가 사회구조를 형성하고 유지하는 데 핵심적인 역할을 하며, 이를 통해 개별적인 행위자가 사회 현상을 이해하고 이에 대응하는 전략을 개발할 수 있다는 주장을 제시한다Long, 2001: 24-25. 따라서 구조적 요인사회구조, 제도, 정책, 문화, 규범 등이 개인/집단 행위자의 행동에 영향을 미친다는 점을 강조한다.

구조는 개인이나 집단의 선택이나 의지와는 독립적으로 존재한다. 하지만 롱은 구조에 대한 인식을 고정화하거나 전체화하는 구조주의적인 사고방식을 비판하며, 개인이나 집단이 구조를 재생산하거나 변형할 수 있다는 것을 강조한다. 또한 롱은 개인/집단 행위자들이 자신의 상황에서 가능한 정보와 자원을 활용하면서 행동한다고 하였다. 이러한 개인/집단 행위자의 능력과 노력은 사회구조와 상호작용하며, 사회구조의 변화를 촉진한다.

롱은 이러한 개인이나 집단의 행위를 행위성agency이라고 부르며, 개인이나 집단이 가진 행위성은 사회구조와 상호작용하여 결정된다고 말하였다Long, 2001: 16. 따라서 구조와 행위는 상호의존적이며, 개인이나 집단의 행위가 구조에 영향을 미치고, 구조가 개인이나 집단의 행위를 제한하거나 형성하는 것이다. 롱은 이러한 상호작용을 통해 사회가 변화하고 발전한다는 것을 강조하며, 사회의 발전은 구조와 행위의 조화로운 상호작용을 통해 이루어진다고 주장하였다.

2. 이론적 틀

파벨라의 환경 보전 성공에 영향을 미치는 요인을 확인하기 위한 연구의 방법으로는 노만 롱2001의 개발사회학 이론을 바탕으로 파벨라의 성공적인 환경 보전 사례를 구조적, 행위적 분석틀로 분석해 보고자 한다. 다양한 행위자들 간의 상호작용을 구조적, 행위적인 요인을 통해 파악하고 이를 통해 성공적인 환경 개선 사례의 특징에 대해 알아보고자 한다.

본 연구에 롱의 행위자 중심 접근을 적용하면 다음과 같다. 파벨라가 추구하는 사회적 변화는 환경 개선이다. 이것은 구조적 요인과 행위적 요인의 상호작용을 통해 이루어지는데 구조적 요인은 파벨라의 지배구조, 사회구조 등이 포함되며 구체적으로는 자치기구, 정부, 범죄 조직에 중점을 두고 설명하고자 한다. 행위적 요인은 외부 행위자의 행위와 내부 행위자의 행위로 나눠지는데, 외부 행위자는 다시 둘로 나눠진다. 하나는 정부이며 정부의 주된 행위는 치안 강화이다. 두 번째는 외부 지원기관으로서 정부의 치안 강화에 따라 여러 가지 사회적 지원을 한 NGO를 포함하고 있다. 내부 행위자는 파벨라 주민들, 특히 자치정부의 구성원들이라고 할 수 있다. 이들은 외부 행위자의 개입에 따라 반응하는데 파벨라의 구조적 요인에 따라 반응이 다르며 반응의 결과도 다르게 나타난다.

구조적 요인과 행위적 요인이 독립변수라고 한다면, 환경 개선 성공 또는 실패가 종속변수라고 할 수 있다. 환경 보전 성공은 환경보전 노력에 의한 주민들의 생활환경 개선, 환경 정책 혹은 프로그램으로 인해 환경문제 개선 등과 같은 성과를 이룬 것을 의미하며, 환경 보전 실패는 노력에도 불구하고 주민들의 생활환경 개선 미흡, 환경 정책 혹은 프로그램의 방치, 환경문제 지속 등과 같은 결과를 야기한 경우를 의미한다.

본 연구에서는 롱의 행위자 중심 접근법을 파벨라의 환경문제로 재해석한 후 이 접근법을 사용하여 호시냐 파벨라 사례를 분석하고자 한다. 호시냐 파벨라의 구조적 요인과 행위적 요인이 어떻게 상호작용하여 환경 개선이라는 결과를 낳았는지 분석하고자 한다.

1) 구조적 요인

롱은 구조적 요인이 개인/집단 행위자의 행동에 영향을 미치고 개인이나 집단이 구조를 재생산하거나 변형할 수 있다고 말하며, 구조와 행위 간의 상호작용을 통해 사회가 변화하고 발전한다는 점을 강조하였다. 롱이 언급한 구조적 요인에는 사회구조, 제도, 정책, 문화, 규범 등이 있다.

브라질 파벨라의 지배 구조는 매우 복잡하고 파벨라마다 다르다고 할 수 있으며, 자치기구, 정부, 범죄 조직 등이 중요한 역할을 담당하고 있다. 파벨라는 물, 전기, 쓰레기 수거 및 대중교통 제공과 같은 기본적인 서비스를 제공하는 지방 및 주 정부의 관할하에 있으며, 지방정부는 파벨라 내 공공 정책 및 개발 프로그램 등을 진행하기도 하지만 공권력이 어느 정도 영향을 미치는지는 파벨라마다 다르다. 일부 파벨라는 강압적으로 권력을 행사하는 마약 카르텔과 같은 범죄 조직에 의해 통제되기도 한다. 이들은 파벨라 내에서 자체 규칙과 거버넌스 구조를 확립할 수 있으며, 종종 불법적이고 폭력적인 활동을 포함하기도 한다. 범죄 조직뿐만 아니라 파벨라에는 주민과 정부기관 사이에서 중개 역할을 하는 주민자치회, 자원봉사단체 등 자치조직도 존재한다. 자치기구는 주민의 이익을 보호하고 개선을 추구하며 지역 발전을 도모하는 데 중요한 역할을 한다.

파벨라의 지배 구조는 파벨라마다 크게 다를 수 있는데, Lopes de Souza2009는 파벨라가 자치기구와 마약 밀매업자 등 집단 간 분쟁의 공간이며, 이 공간 안에서 모든 이해관계자들은 끊임없는 긴장 상황에 놓여 있다고 주장한다. 따라서 범죄 조직이 상주하는 파벨라는 그렇지 않은 파벨라보다 지역 권력과 지배 구조가 더 복잡하다. 범죄 조직은 주민 협회에 간섭하기도 하며 이는 정부 정책에 심각한 장애물이 된다Lopes de Souza, 2009: 33. 모든 파벨라의 자치기구가 효율적으로 작동하는 것은 아니지만, 자치기구가 효율적으로 작동하게 되면 정부와의 원활한 의사소통과 적절한 환경 정책 및 프로그램의 실행 가능성이 높아진다. 하지만 대체로 많은 파벨라는 부적합한 인프라 및 비효율적인 정책을 특징으로 하는 취약한 거버넌스 구조이며, 이는 파벨라 내 환경 개선에 큰 취약점으로 작용한다. 파벨라의 환경문제와 개선 노력을 분석할 때 이러한 구조의 복잡성을 파악하는 것은 중요하다. 환경문제와 관련해서, 자치단체 및 정부 기관은 환경 보존과 관련된 정책 및 규정을 시행하는 데 중요한 권한을 지닌다. 하지만 권력 구조는 일부 파벨라에 있는 범죄 조직이나 갱단의 존재에 의해 영향을 받을 수도 있으며, 이는 환경 정책의 시행을 방해하거나 제한할 수 있다.

룽에 따르면 외부 개입이 발전 과정에서 성공적으로 작용하려면 개입하는 정부나 국제기구가 그 지역의 문화와 역사적 배경, 사회경제적 상황 등을 고려하고, 지역주의적인 관점을 존중해야 한다고 한다. 일반적으로 파벨라의 공통된 구조적 문제는 인프라 부족과 치안의 부재, 높은 수준의 빈곤, 실업 및 사회적 불평등 등이 있다. 이는 파벨라마다 문제의 정도가 다르기 때문에 정부가 환경 정책을 설정할 때는 해당 파벨라의 구조를 분석하고 주민들의 사회경제적 현실을 고려해야 한다.

2) 행위적 요인

노만 롱의 개발사회학에 따르면 구조와 행위의 상호작용이 이루어져야 비로소 사회 변화가 형성될 수 있다. 따라서 구조적 요인만으로는 큰 효과를 기대할 수 없다. 이어서 구조적 요인과 상호작용을 가능하게 하는 행위적 요인에 대해 살펴보고자 한다.

(1) 외부 행위자

롱의 행위자 중심 접근법에 의하면 사회문제 분석의 근거를 외부적 요인에만 두는 것은 옳지 않으며, 사회 변화를 이해하려면 내부 및 외부적 요인의 상호작용에 대한 이해가 필요하다. 또한, 외부 개입은 다양한 내부와 외부 행위자 간의 상호작용을 통해 사회를 변화시킨다. 파벨라 환경문제의 경우 치안 강화를 위한 정부의 개입과 치안 강화와 함께 또는 치안 강화가 이루어진 후에 제공되는 외부 기관의 지원 확대는 환경 개선을 위한 중요한 외부 행위자의 행위적 요인이다.

① 정부의 치안 강화

정부 혹은 외부의 개입이 일어나려면 파벨라 내에 치안이 안정화되어 있어야 한다. 많은 파벨라는 마약 카르텔 등에 의해 통제되고 있어 치안이 불안정하며 외부 개입이 매우 어렵다. 하지만 정부가 평화유지경찰대 UPP 제도를 시행하는 파벨라들은 비교적 치안이 안정화된 경우가 많다. 2008년 말부터 리우데자네이루시는 평화유지경찰대 제도를 일부 파벨라에서 시행하기 시작하였으며, 이후 대형 국제 행사를 앞두고 여러 파벨라로 시행이 확대되었다서지현, 2021: 26. 평화유지경찰대 제도는 범죄자가 통제하는 영토를 되찾고, 무장 폭력을 줄이며, 경찰에 대한 주민들의 신뢰를 회복하게 해 파벨라 내 평화를 유지하는 데 효과가 있었다HÖELZ, 2017: 2. 2017년 상반기까지 38개의 평화유지경찰대가 파벨라 내에 주둔해 있었는데, 이 중 리우데자네이루시 외부에 주둔한 평화유지경찰대는 단 1개에 불과하였다HÖELZ, 2017: 2. 이를 통해 평화유지경찰대 제도가 도심 주변의 주요 파벨라 위주로 진행되었다는 점을 알 수 있다. 치안 당국은 도심 주변의 범죄율이 높은 파벨라에 먼저 장갑차, 헬기 등 중화기를 앞세운 특공대BOPE를 전격 투입해 교전 끝에 질서를 확보하고, 이후에는 평화유지경찰대를 주둔하게 하는 방식으로 이른바 평화 벨트를 넓혀 나갔다정길화, 2013: 7. 평화유지경찰대는 도심 주변의 주요 파벨라들부터 평화유지경찰대로 거점을 확보하여 마약 조직을 점차 퇴출시킨다는 전략을 갖고 있었다. 이러한 과정을 통해 공공 치안이 어느 정도 확보되면, UPP-Social 프로그램을 통해 평화를 되찾은 파벨라가 주변의 도시 공간과 연결되고 통합될 수 있도록 사회 프로그램을 시행하였다서지현, 2021: 26. 평화유지경찰대가 주둔하는 파벨라들은 상대적으로 치안이 안정화되었으며, 따라서 환경 개선 프로그램 등의 정책들이 적용될 기회가 열리게 되었다.

② 외부 기관의 지원 확대

브라질 내에는 셀 수 없이 많은 파벨라가 존재한다. 리우데자네이루에만 700개에서 1,000개에 이르는 파벨라가 있다. 하지만 이 중 정부, 비정부기구 등의 정책 혹은 프로그램에 의해 혜택을 받는 파벨라는 대부분 규모가 크고 도심에 위치한 소수의 파벨라에 국한된다. 국제기구와 비정부기구 같은 외부 기관은 파벨라에 보건 및 위생 프로그램, 환경 보전을 위한 사업, 주택 및 인프라 사업, 교육 사업 등을 수행하는 경우가 많다. 이러한 외부의 관심과 개입은 파벨라 내 다양한 행위자들이 더 적극적으로 환경 개선 노력에 참여할 수 있는 발판을 마련해 주기도 하였다. 그러나 지원이 필요한 파벨라는 매우 많은 한편 대부분의 파벨라는 외부인이 들어가기에는 치안이 너무 불안하였기 때문에 외부 기관의 지원이 이루어지는 파벨라는 많지 않았다.

외부 기관의 지원 확대 중에서도 환경 교육은 파벨라의 환경 보존을 위해 매우 중요하다. 환경문제에 관한 교육은 개인 및 지역사회가 환경을 보전하고 향상하도록 그 사고방식을 계발하고 책임 있는 행동을 하기 위한 기반을 넓히는 데 필수적이라고 할 수 있다최남숙, 1993, 18-19. 파벨라에서의 환경문제는 다른 지역에서의 환경문제와는 다르다고 할 수 있는데, 환경 교육은 파벨라 주민들로 하여금 파벨라 환경문제의 원인을 파악하고 그것을 해결하기 위한 생활방식들을 스스로 판단하고, 탐구하며, 실천할 수 있도록 능력을 함양시키는 데 목적이 있다고 할 수 있다. 파벨라 내 주민들은 교육 수준이 높지 않은 경우가 많고, 환경 교육에 대한 접근이 어려운 경우가 많다. 따라서 외부 행위자에 의해 파벨라 주민들이 환경 교육을 받을 기회가 생긴다면 파벨라 내 환경 보전에 긍정적인 영향을 끼칠 것으로 예상해 볼 수 있다.

(2) 내부 행위자

외부 행위자로부터의 개입이 있어도 내부 행위자의 협조가 존재하지 않는다면 환경 정책과 프로그램 등은 성공적으로 정착될 수 없다. 따라서 외부 행위자와 내부 행위자 간의 효율적이고 적극적인 상호작용은 파벨라 내 환경 개선을 촉진하는 데 중요한 요소이다.

① 주민 참여

룽은 개발 프로젝트를 기획할 때는 그 지역의 행위자들과 긴밀하게 협력하며, 그들의 의견을 수렴하는 것이 중요하다고 말하였다. 따라서 파벨라 내 환경 보전 노력에 있어서 다양한 행위자 간의 상호작용 및 적극적인 주민 참여는 매우 중요한 요소라고 할 수 있다. 정부, 비정부기구 등 외부 행위자와 파벨라 내 주민, 자치공동체 등의 내부 행위자 간의 협업과 의사소통, 그리고 상호작용은 환경 보전 프로젝트를 보다 원활하게 진행할 수 있도록 해 준다. 의사소통은 둘 이상의 상호 교류 과정으로, 정확한 정보 전달과 원활한 교류를 통해 조직 구성원은 조직이 추구하고자 하는 목표를 명확하게 인식하고, 합리적으로 협력하여 업무 수행이 가능케 되며, 권한과 책임의 효율적 배분이 용이해진다김규정, 2001: 486. 따라서 파벨라 주민들의 환경 보전 정책과 프로그램에 대한 적극적이고 자발적인 참여는 중요하다. 주민 참여는 지역주민들이 자신의 삶에 영향을 주는 지방정부의 중요한 의사 결정 과정에 직간접적으로 관여하여 영향을 미치는 것으로써 규범적 차원에서는 행정의 민주성을 확보하고 공무원의 문제해결 능력을 향상시켜주며, 지역사회의 통합 기능을 강화시켜 준다고 할 수 있다양덕순&강영순, 2008: 74.

적극적인 주민 참여는 외부, 내부 행위자 간의 의사소통과 상호작용을 원활하게 하는 데 긍정적으로 작용하며 파벨라 내 환경 보전에 중요한 요소이다. 하지만 많은 파벨라에서 여러 가지 요인으로 인해 주민 참여가 어렵다. 파벨라 주민들은 심각한 빈곤과 사회적 불평등을 겪으며 기본적인 인프라 서비스, 교육, 보건, 취업 기회 등에 대한 접근에 어려움을 겪는다. 이러한 사회경제적 어려움은 파벨라 주민들이 생존을 위한 생활을 우선시하며 환경과 같은 문제들을 비교적 덜 중요하게 바라보게 한다. 또한, 파벨라는 인구 밀집과 부적절한 인프라로 특징 지어지는데, 포장도로와 같은 기본 인프라의 부족은 주민이 모여 환경 보전 노력에 적극적으로 참여하는 기회를 제한한다. 특히, 마약 조직 등 범죄 조직이 주민을 지배하는 파벨라의 경우 주민들이 주체성을 행사하고 의사 결정 과정에 참여하는 데 장애물이 되기도 한다.

파벨라에서는 환경문제, 프로젝트, 참여 기회 등의 정보에 대한 접근성이 부족한 경우가 많다. 이로 인해 주민들은 환경 프로젝트에 대해 알지 못하거나 효과적인 참여를 위한 지식과 자원이 부족할 수 있다. 정보 부족뿐만 아니라 시민 교육 및 인식 제고 프로그램의 부재 또한 문제이다. 환경문제에 대한 경각심과 주민 참여의 잠재적 이점에 관한 적절한 지식이 없으면 주민들은 환경문제의 중요성을 이해하지 못할 것이다. 환경문제 해결에는 주민 참여가 중요한 만큼 이러한 장벽을 극복하고 파벨라에서 주민 참여를 촉진하려면 사회적 및 경제적 불평등을 해소하고 주민들에게 정보 접근성을 제공하며, 시민 교육과 인식 제고 프로그램을 제공하여 주민들이 환경문제에 대해 이해하고 참여 동기를 부여하는 것이 중요하다. 이는 주민 참여를 촉진해 외부와 내부 행위자 간의 활발한 상호작용을 가능하게 할 것이다.

② 자치 공동체 형성

고전적인 지역사회 공동체는 '지리적으로 한정된 지역 안에 살면서 상호 간에 자신들이 살고 있는 장소에 대하여 사회적이고 심리적인 유대를 가진 사람들'로 정의된다Mattessich, et al., 1997: 56. 즉, 일정한 공간적 영역에서 '우리'라는 신뢰와 끈끈한 유대감을 가지고 서로 상호작용이 이루어지는 주민 집단의 단위를 지역공동체라고 할 수 있는 것이다양덕순&강영순, 2008: 75. 주민자치가 구현되면 지역 주민이 주인의식과 책임 의식을 가지고 공동체 구성원으로서의 역할을 담당하게 되는데안성수&하종근, 2006: 5, 이를 위해서는 지역공동체 활동에 대한 주민의 자발적인 참여가 전제되어야 한다. 참여를 통해 지역 주민 간 단결과 협력이 촉진되고, 지역문제를 해결하기 위하여 함께 노력할 경우 지역공동체의 유대는 더욱 강화되고 공동체는 발전한다서재호, 2013: 438. 주민자치가 활성화된다는 것은 지역 주민의 참여가 활발하게 이루어지는 것을 의미하고, 이는 곧 지역 주민이 지역사회 공동체의 일원으로 참여하여 지역사회의 정치 의제를 스스로 수립하고 지역사회 발전과 문제해결을 위하여 적극적으로 활동하겠다는 의식의 전환이 전제된다서재호, 2013: 442. 따라서 파벨라 주민 공동체 내 환경 보전을 향한 자치적인 노력이 수반된다면 환경 보전에 긍정적인 영향을 끼칠 것으로 예상해 볼 수 있다.

파벨라는 그 수가 많아 일반화할 수는 없지만, 자치기구가 존재하는 경우가 많다. 하지만 자치기구가 효과적으로 운영되는지 여부는 파벨라마다 상이하다. 자치기구가 원활하게 운영되는 경우도 있지만 파벨라 내 다양한 지배 구조로 인해 자치기구가 힘을 쓰지 못하는 경우가 많다. 범죄 조직의 힘이 강하면 파벨라 내 자치기구가 없거나 힘이 약한 경우가 많으며, 파벨라 내에 자치기구가 하나가 아닌 여러 개 존재할 경우 자치기구 간에 지배권 경쟁과 갈등이 존재할 수도 있다. 또한, 파벨라 주민들은 부정부패, 불투명성, 실질적인 성과 부재 등 다양한 이유로 인해 자치단체에 관심과 신뢰가 없는 경우가 많다. 자금 부족 또한 문제일 수 있다. 많은 자치기구에서 자체적인 재정원을 갖추기 어려워 활동을 진행하는 데 어려움을 겪는다. 이는 자치기구가 지역사회에 필요한 서비스와 프로그램을 제공하는 능력을 제한하며, 지속 가능한 파벨라를 구축하는 데 어려움을 준다. 문제의 정도는 파벨라마다 상이하지만 이러한 문제들이 극복돼 자치기구가 효과적으로 작동한다면 파벨라 내 환경 보전에 긍정적인 영향을 끼칠 것이다.

본 연구에서는 노만 롱2001의 이론적 배경을 바탕으로 구조적, 행위적 요소의 상호작용에 초점을 맞추어 파벨라의 성공적인 환경 보전 사례의 요인에 대해 분석하였다. 연구의 분석틀은 아래와 같이 표현할 수 있다.

그림 1 | 분석틀

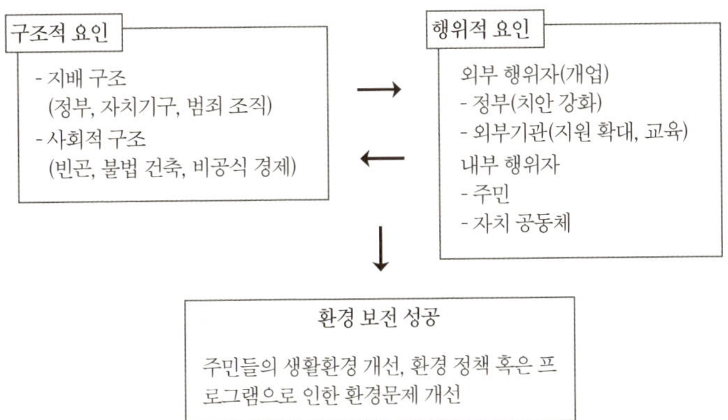

정부의 정책으로 치안이 강화되었을 때, 정부와 국제기구 등 외부 기관의 지원이 확대되었을 때, 비로소 다양한 정책에 대한 다양한 행위자 간의 상호작용 및 적극적인 주민 참여, 자치공동체 형성, 환경과 관련한 다양한 교육프로그램의 형성이 가능할 것이다. 행위적 요인이 파벨라의 구조적 요인과 잘 상호작용한다면, 비로소 파벨라 지역 내 환경 개선이 성공할 수 있다는 것을 예상해 볼 수 있다.

호시냐Rocinha의 사례

1. 사례 개요

호시냐Rocinha는 브라질 내 가장 큰 파벨라 중 하나이다. 호시냐는 1920~1930년경부터 사람들이 모여들기 시작했는데 이들이 호시냐텃밭, 작은 농장이라는 뜻를 일구어 살면서 이것이 지역 이름이 되었다정길화, 2013: 9-10. 호시냐 주민의 약 84%는 북동부 등 외지에서 유입되었다고 하는데 2010년 공식적인 인구 조사 기준으로는 호시냐에 약 7만 명의 주민과 2만 5,000 가구가 살고 있는 것으로 조사됐다IBEG, 2010. 하지만 파벨라의 특성상 정확한 주민의 수는 파악하기 어려워 추정치는 훨씬 높다. 호시냐의 0.8제곱마일에 15만 명에서 30만 명의 주민이 밀집되어 있다고 예측된다. 또한, 호시냐의 인간개발지수HDI는 0.735로 리우데자네이루 내에서 낮은 편에 속한다IPP, 2017. 위치상으로는 리우데자네이루 내에서 가장 소득이 높은 지역인 São Conrado와 Gávea 지역 사이에 있어 호시냐의 위치는 도시의 부유층과 빈곤층 사이에 극명한 대조를 나타낸다.

본 논문에서 호시냐 파벨라를 연구 대상으로 삼은 이유는 타 파벨라들에 비해 상대적으로 인프라가 안정되고 다양한 환경정책이 시행되고 있어 환경문제가 개선되는 추세이기 때문이다. 현재 호시냐 주민의 대략 99%가 전기를 사용할 수 있고, 대부분 수도를 이용할 수 있다Rocinha Favela, n.d.. 또한, 브라질 정부 혹은 비정부기구 등 외부의 정책적 개입은 주로 소수의 파벨라에 집중되어 있다. 하지만 호시냐 파벨라는 규모가 크고 주민 수도 많아 다양한 사회적, 환경적 정책의 수혜자 중 하나였다. 호시냐는 평화유지경찰대가 주둔하는 파벨라 중 하나였고, 그로 인해 안정화된 치안은 보다 수월한 외부 개입을 가능하게 했다. 평화유지경찰대 제도는 리우 정부가 치안 개선을 위해 실시한 한시적인 대책으로 현재는 시행되지 않지만 제도 시행 당시 변화된 호시냐 파벨라의 지배 구조는 현재까지 이어지고 있다. 당시 호시냐 내 Amigos dos AmigosADA 등 범죄 조직의 힘이 약화되었고, 이는 주민 자치기구의 힘을 강화하여 지배 구조를 변화시켰다. 타 파벨라들에 비해 비교적 안정화된 치안은 외부 개입을 가능하게 해 환경 관련 프로그램들이 다수 시행되었고, 그 과정에서의 적극적인 주민 참여는 환경 개선을 가능하게 했다. 약 100명이 호시냐 파벨라 내 폐기물 수거에 관여하는 것으로 알려져 있으며, 다양한 외부 및 내부 행위자들이 환경 보전을 위해 적극적으로 상호작용하며 노력하고 있다Villa, 2020: 222.

2. 외부 개입

1990년대 이전의 브라질은 파벨라를 배제의 대상으로 보았지만, 1990년대부터는 파벨라를 도시 경관의 비가역적인 부분으로 인식하고 도시화 정책을 시행하면서 공공 기관의 태도에 변화가 생겼다Rocha, 2020: 5. 또한, 1993년에는 호시냐를 도시의 공식 지역으로 인정하였다. 브라질의 파벨라에 정부 개입이 쉽지 않은 이유 중 하나는 범죄 조직이 마을을 장악한 경우가 많기 때문이다. 호시냐는 리우의 대표적인 파벨라로, 브라질 정부 당국의 치안 회복 작전으로 질서가 확보된 지역이다장길화, 2013: 162-163. 이 때문에 호시냐는 정부가 비교적 개입하기 쉬워 정부 개입이 활발하게 이루어지며 지역사회 주민들의 환경 및 삶의 질을 개선하기 위한 파벨라-바이후Favela-Bairro, 모라르 카리오카Morar Carioca, 인프라 개발 프로그램Programa de Aceleração do Crescimento o Programa de Aceleración del Crecimiento, PAC과 같은 도시 개발 프로그램 등 여러 프로젝트 및 정책의 대상이 되었다.

3. 평화유지경찰대 UPP

호시냐는 수십 년 동안 마약 카르텔과 갱단에 의해 통치되었다. 호시냐의 위쪽 지역을 관할하는 Comando Vermelho와 아래쪽 지역을 관할하는 Amigos dos AmigosADA가 주 세력이었고, 이들은 호시냐 내에서 마약 밀매 과정을 지시하는 등 마약 밀거래의 거점으로 이용하며 폭력적인 공간으로 만들었다Rekow, 2016: 56. 파벨라 내의 치안 문제를 해결하기 위해 브라질 정부에서 시행한 평화유지경찰대 제도는 호시냐에도 적용되었다. 당시까지 평화유지경찰대 제도가 적용된 파벨라의 수는 많지 않았다. 2011년에 호시냐는 평화유지경찰대가 주둔한 리우의 28번째 파벨라가 되었다. 경찰의 규모는 700명으로 리우 내 가장 규모가 큰 평화유지경찰대였다. 완벽하게 질서가 확보되진 않았지만, 호시냐는 다른 파벨라들에 비해 상대적으로 치안이 안정화되어 있어 외부 개입이 좀 더 수월하게 이루어질 수 있었다.

4. 지배 구조

호시냐는 브라질에서 가장 큰 파벨라 중 하나인 만큼 지배 구조 또한 이 큰 규모를 반영하며, 매우 복잡한 구조를 지니고 있다. 호시냐는 필수 공공서비스를 제공하고 개발 정책을 시행하는 주정부의 관할하에 있다. 규모가 큰 만큼 다양한 정책의 대상이 되었는데, 예로 평화유지경찰대UPP 프로그램과 인프라 개발 프로그램Programa de Aceleração do Crescimento o Programa de Aceleración del Crecimiento, PAC이 있다. 평화유지경찰대의 존재는 호시냐의 보안 및 지배 구조에 큰 영향을 미쳤다. 평화유지경찰대로 인해 이전에 호시냐 사회에 큰 영향력을 끼쳤던 Comando Vermelho와 Amigos dos Amigos ADA 등 범죄 조직의 세력이 약화되었으며, 정부의 개입이 원활해졌고 주민 자치기구의 영향력이 커지게 되었다.

호시냐에는 지역 거버넌스에서 적극적인 역할을 하는 여러 자치기구가 존재해왔으며, 현재까지 활동을 유지하는 기구 중에는 AMABBAssociação de Moradores e Amigos do Bairro Barcelo와 UPMMRUnião Pró Melhoramentos dos Moradores da Rocinha가 있다Sørbøe, 2013: 68. AMABB는 1970년대에, UPMMR은 1961년에 설립되었으며 이들은 주민의 이익을 위해 일하며 정부 당국 앞에서 주민의 요구를 대변하고 사회 프로젝트를 촉진하며, 삶의 질 향상을 추구하는 것을 목표로 삼고 있다. AMABB는 주로 지역사회의 하위 계층과 협력하는 역할을 담당하며, UPMMR은 정부와의 대화에서 호시냐 전체를 대표하여 주민의 요구를 전달하는 자치기관이다Sørbøe, 2013: 68. 호시냐는 평화유지경찰대 프로그램으로 인해 치안이 비교적 안정화되어 있으며 정부와 주민 자치기구 간의 의사소통이 원활하게 이루어져 정부 정책 등 외부의 개입이 보다 수월하게 이루어지게 되었다.

5. 환경문제

호시냐는 대규모의 파벨라이고, 다양한 정책과 주민 자치 프로그램 등으로 환경문제를 개선해 나가고 있지만, 아직은 브라질의 다른 많은 빈민가와 마찬가지로 여러 가지 환경문제에 직면해 있다. 기본 인프라의 부족과 무질서한 도시화로 인해 호시냐는 기본적인 위생 시설 부족, 부적절한 쓰레기 수거, 녹지 부족 및 환경오염 등의 문제에 직면해 있다.

호시냐에서 가장 시급하고 중요한 문제는 기본적인 위생 문제이다. 대부분의 집은 하수도 시스템과 연결되어 있지 않으며, 많은 사람들이 오물을 개방된 도랑에 버리거나 흐르는 강과 개울에 직접 버려야 한다. 이러한 상황은 수질오염, 질병 확산 및 환경 파괴의 심각한 위험을 초래한다. 또 다른 중요한 환경문제는 쓰레기 수거 시스템이다. 좁고 가파른 도로는 쓰레기 수거 차량이 통행하기 어렵고, 쓰레기 처리 공간이 부족하여 대다수 주민이 쓰레기를 거리, 강, 개울에 버리고 있다Rekow, 2016: 58. 이로 인해 쓰레기가 쌓여 질병과 환경오염의 위험이 매우 높다. 또한 호시냐는 녹지 부족으로 어려움을 겪고 있다. 빈민가는 인구밀도가 높고 인구가 이용할 수 있는 열린 공간이 거의 없다. 대부분의 녹지 공간은 공터와 위험 지역으로 점유되어 있어 주민의 여가 및 체육 활동을 위한 녹지로의 접근이 어렵다. 이것은 정신 및 신체 건강 문제로 이어질 수 있다. 마지막으로, 불법 건축은 호시냐의 일반적인 문제이다. 많은 주민이 급경사면, 환경 보호구역, 강둑과 같은 위험 지역에 집을 짓고 있으며, 이러한 불법 건축은 산사태, 홍수 및 기타 자연재해를 유발할 수 있기 때문에 환경 악화로 이어진다. 호시냐가 직면한 이러한 환경문제는 아직도 해결되지 않았지만 다양한 행위자들의 환경 보전 노력으로 인해 조금씩 개선되어 가는 추세이다.

6. 환경 개선 노력

Dois Irmãos 언덕에 위치하고 São Conrado 해변과 가까운 호시냐는 쓰레기 누적과 위생 시설 부족으로 수십 년 동안 어려움을 겪어왔다. Comlurb에 의해 정기적으로 쓰레기 수거와 청소를 하고 있지만, 이 서비스는 배출되는 폐기물의 양에 비해 턱없이 부족했고 호시냐 전체를 커버하지 못하였다. 이에 다양한 환경 개선 프로젝트가 진행되었다. 환경 개선 프로젝트들은 호시냐의 여러 지역에서 시행됐으며, 그 규모와 유형이 다양하였고, 또 다양한 행위자가 참여하였다Rekow, 2016: 58. 이러한 프로젝트 중에는 기본적인 위생 프로젝트, 쓰레기 수거 및 재활용, 녹지 공간 조성 등이 포함되어 있다. 호시냐 환경 개선 노력의 큰 특장점은 주민 참여도와 주민자치 노력이라고 할 수 있다.

1) De Olho no Lixo

2016년에 INEA국가환경연구소, 주 정부, Asserj리우데자네이루주 슈퍼마켓협회, 사회단체 VivaRio 간의 파트너십을 통해 주민들이 사회환경 요원으로 활동할 수 있도록 훈련하는 De Olho no Lixo 프로그램을 출범시켰다Rocha, 2020: 34. De Olho no Lixo는 São Conrado 해변에 도착한 폐기물에 대한 해결책을 모색하라는 환경부의 요구로 시작되었다Clara, 2020. 연구 끝에, 연구원들은 대부분의 쓰레기가 호시냐에서 나온 것이라고 결론지었다. 이어 쓰레기가 가장 많이 쌓인 지점을 파악하기 위해 지도 제작을 진행했는데 이 지점은 도시청소업체Comlurb가 들어가지 않은 곳에 정확히 위치하였다. 따라서 이 프로젝트는 Comlurb가 도달할 수 없는 지점의 쓰레기 수거 작업을 진행하기 위한 목적을 지녔다Clara, 2020.

이 프로젝트는 폐기물 제거에 직접 참여하는 30개 Viva Rio 에이전트와 파트너의 환경 교육, 문화, 소통의 두 축으로 운영된다. 이는 올바른 폐기 절차를 가르치고 새로운 폐기물의 축적을 방지하는 것 외에도, 폐기물을 예술로 전환하기도 하였다Clara, 2020. 이에 대한 예로는 재활용 악기로 음악 수업을 제공하는 Funk Verde와 버려진 천으로 의류를 만드는 워크숍을 진행하는 Ecomoda 프로젝트가 있다.

이 프로젝트는 리우의 다른 지역으로 확장되었고, 지역주민들에게 음악, 예술 및 문화의 참고 자료가 되었다. 이 프로젝트는 2018년까지 총 2년간 진행되었는데, 결과는 매우 긍정적이었다. 시행된 이래 호시냐에서는 직원과 자원봉사자로 일한 주민들의 자치적인 지원과 노력의 결과로 약 640톤 이상의 폐기물이 지역사회에서 제거되었다Rocha, 2020: 34. De Olho no Lixo 프로그램은 Vidigal, Maré 등 다른 파벨라들로 확산되어 주민의 삶을 변화시켰다Rocha, 2020: 34.

2) Rocinha Recicla

De Olho no Lixo 프로젝트가 진행되는 동안 협동조합 Rocinha Recicla가 주민 자체적으로 설립되었다INEA, 2016. Rocinha Recicla는 호시냐에 거주하는 주민 중 30명 정도의 근로자로 구성되었고, 도로 및 수로 청소와 함께 Funk Verde와 Ecomoda 프로젝트 등 인식 제고 활동에 참여하였다. 2018년 11월까지 Rocinha Recicla는 근로자 혹은 자발적인 쓰레기 수거 작업자들이 수거한 플라스틱, 금속, 종이 등의 재료를 판매할 수 있도록 준비하고, 폐기된 식용유로 비누를 생산하는 창고를 관리하였다Villa et al., 2020: 228. De Olho no Lixo 프로젝트의 종료와 함께 창고는 리우데자네이루 지방자치단체에 의해 철거되었다INEA, 2018.

3) Green My Favela GMF

2011년부터 2017년까지, Green My Favela 프로젝트는 리우데자네이루 파벨라의 식량 안보 및 도시 복원 프로젝트로 운영되었다Green my favela, n.d.. GMF는 개인, 가족, NGO, 학교, 민간 및 공공 부문, 사회 혁신가들과 협력해 방치되고 남용된 토지를 개선하고, 식량 및 물 안보를 보호하며, 보다 생산적이고 바람직한 녹색 공간을 구축하고, 다양한 참가자들과 기술을 공유하기 위해 노력하였다Rekow, 2012: 316. GMF는 평화유지경찰대의 호시냐 점령과 거의 동시에 2011년에 호시냐 내부에 설립되었다Rekow, 2016: 59. 유망하고 의욕적인 지역 주민에게 학습 기회를 제공함으로써, GMF는 참가자들의 일상적인 삶의 질을 향상시키고 빈민가 생활의 부정적인 측면을 초월하는 긍정적인 집단 경험의 기회를 제공하였다Rekow, 2012: 311.

GMF는 지역 주민들이 오랫동안 쓰레기장으로 사용해 온 공터에서 14명의 호주 자원봉사자와 일부 아이들, 그리고 지역 노동자들의 도움으로 쓰레기 층을 제거하고, 정원에 사용하기 위해 일부 재료를 재활용해 공간을 변형하기 시작하였다Rekow, 2012: 313-314. GMF는 지역사회 회의 개최, 예술 기반 커리큘럼 개발, 유기농 정원 가꾸기 교육, 국제 및 내부 파트너와의 네트워킹 등에 중점을 두었다Green My favela, n.d.. GMF는 성공적인 행보로 호시냐뿐만 아니라 Vidigal과 같은 인근 파벨라로 확산되었다. GMF는 파벨라 공동체의 녹색화 노력을 지속해 지원하고 있으며, 다양한 분야에 걸쳐 응용 학자 및 연구자/실무자들을 지속 지원, 접촉 및 상담하고 있다Green My favela, n.d..

(1) Rocinha Mais Verde

Rocinha Mais Verde는 Green My Favela의 프로젝트 중 하나로, 2011년부터 2014년까지 진행되었다. 이 프로젝트는 Green My Favela, 커뮤니티 리더인 Tio Lino와 그의 NGO인 Rocinha Mundo da Arte, 그리고 호시냐의 Alegria das Crianças 탁아소 간의 협업으로 이루어졌다Green My favela, n.d.. Tio Lino는 아이들이 마약 밀매 조직에 가입하는 것을 저지할 목적으로 30년 이상 호시냐에서 아이들과 함께 재활용 재료로 예술품을 만들기 위해 일한 중요한 지역사회 지도자이다Parnell, 2012. Rocinha Mais Verde 정원은 호시냐의 첫 공동체 정원이었다. 정원은 호시냐의 아래쪽 가장 가난한 지역 중 하나인 Valão에 위치하였다. Tio Lino의 예술 학교 아이들은 꽃, 관목, 과일나무, 그리고 유기농 채소 등을 심었으며, 체험형 교육 워크숍도 진행했는데, 채소 색칠 및 그리기, 현미경과 돋보기를 통한 씨앗 연구, 채소 맛보기, 허브가 심어진 폐플라스틱병으로 테라리엄 만들기 등이 포함되었다Rekow, 2016: 59. 지역 주민들은 정원을 관리하고 아이들과 함께 일하도록 고용되었다. 리우의 PUC 대학에서 교환학생으로 활동한 캘리포니아 산타크루즈 대학의 국제 환경 연구 프로그램의 GMF 인턴들은 환경교육 프로그램을 강화하는 데 도움을 주기도 하였다Rekow, 2016: 60. 정원은 다양한 허브와 조미료, 식용 채소, 꽃 장식품, 과일을 생산하는 공간이 되었는데, 무엇보다 중요한 것은 치유의 정원, 학습 공간, 어린이를 위한 예술 공간, 지역 주민들이 방문할 수 있는 공간으로 발전하였다는 것이다 Rekow, 2016: 61. 약 200명의 사람이 그 공간을 방문하거나 교류하기 시작하였다. Rocinha Mais Verde는 지속 가능한 디자인의 우수 사례로서 2012년 지속 가능한 개발에 관한 UN Rio+20 정상회의에서 소개되었다Rekow, 2016: 60. 이후 2년 동안 이 프로젝트는 많은 관심을 받았으며, 아이들이 정원 가꾸기 관련 활동에 참여하는 레크리에이션 및 교육 공간으로 성장하였다.

(2) Pedacinho da Terra

호시냐에서 진행된 GMF의 두 번째 프로젝트는 Cachopa가파른 언덕에 자리 잡은 혼잡한 동네와 호시냐의 주요 도로인 Estrada da Gávea를 연결하는 가파르고 구불구불한 골목길을 따라 위치한 좁은 삼각형의 땅에 정원을 만드는 것이었다Green My favela, n.d.. 쓰레기를 치우고 흙을 들여오며 GMF는 이 버려진 땅을 주민들과 협력해 개선하였다. 꽃, 땅 덮개, 허브, 그늘나무들을 심었으며, 울타리를 따라 채소와 과일 덩굴을 길렀다. 벽면에는 벽화를 그리고, 거울 타일을 심미적인 장치로 사용하여 공간이 받는 일조량을 증가시켰다Rekow, 2016: 61. 처음에는 이웃끼리 협력이 잘되지 않았지만, 정원 가꾸기 활동을 통해 발생한 상호작용은 물질적 생산뿐만 아니라 아이디어와 감정의 교환을 수반하는 관계를 열어주었고, 이는 사회적 실천으로 발전하여 문화 공유의 장을 만들었다Rekow, 2016: 61. 주민들은 서로 돕기 시작하였고, 이 프로젝트를 통해 신뢰와 협력, 그리고 새로운 사회적 유대의 기반을 형성하였다.

(3) Macega Horta

GMF는 호시냐의 위쪽 가장자리에 위치한 고립되고 빈곤한 지역인 Macega의 식량 안보 프로젝트를 설립하는 것을 돕기 위해 Hortas Cariocas 프로그램과 NGO Territorios da Paz와 협력하였다Green My favela, n.d.. 이 지역 주민들은 호시냐에서 가장 가난하고 위험에 처한 사람들이다. 개방된 하수구조차 이곳에 닿지 않는 최악의 위생 시설을 보유한 곳이다. 폐가, 산더미 같은 쓰레기, 사람과 동물의 배설물 더미가 이 지역을 어지럽히고 있었다Rekow, 2016: 59. GMF는 SEASDH와 Hortas Cariocas 프로그램과 협력해 Macega 위쪽 가장자리에서 비탈을 따라 내려가는 공간에 대규모 식량정원을 공동으로 형성하였다Rekow, 2016: 65. GMF는 이 심하게 훼손된 공간에서 수 톤의 쓰레기를 치우는 것을 도우려고 일련의 대규모 현장 작업을 조직하였다. GMF는 Macega 지역을 미적으로 개선하기 위해 도구, 씨앗, 노동력을 기부하고 문화적 개입을 실시하였다. 이 대규모 정원에서는 호박이나 멜론 같은 과일 및 채소 등이 수확되어 정원사와 인근 주민들에게 분배되었다.

분석 및 결과

호시냐에서는 외부 개입과 주민들의 환경 보전 노력에 의해 생활환경 개선, 환경 정책 혹은 프로그램으로 인해 환경문제 개선 등과 같은 성과를 이룬 것으로 판단된다. 즉, 외부 행위자와 파벨라 내부 행위자의 상호작용으로 호시냐 내 만연해 있던 환경문제를 어느 정도 개선하였다. 다양한 환경 관련 프로그램과 주민의 적극적인 참여로 많은 양의 쓰레기가 수거되었고, 공원 등 녹지 공간도 확보되고 있다. 구조적인 측면에서 호시냐는 복잡한 지배 구조를 갖고 있었고 대부분의 파벨라처럼 기본적인 인프라 부족 문제를 겪었지만, 이제는 주민의 99%가 전기를 사용할 수 있을 정도로 인프라 측면에서 크게 발전하였다. 호시냐의 구조적 요인과 행위적 요인의 상호작용을 통해 구조적 요인의 변화를 이끌어냈다고 할 수 있다. 이에 앞서 언급한 구조적 요인과 행위적 요인으로 성공 사례인 호시냐를 분석해 파벨라 내 환경 개선의 특징에 대해 알아보고자 한다.

1. 구조적 요인 분석

롱은 개인이나 집단이 구조를 재생산하거나 변형할 수 있으며, 다양한 행위자의 능력과 노력이 사회구조와 상호작용해 사회구조의 변화를 촉진하다고 하였다. 또한 구조는 개인이나 집단의 선택이나 의지와는 무관하게 독립적으로 존재한다고 말하였다. 치안 문제와 인프라 부족 문제는 파벨라의 고질적인 구조적 문제이다. 호시냐의 경우 시작점은 다른 보통의 파벨라들과 비슷하다고 할 수 있다. 인프라 부족과 치안 부재는 외부 행위자들의 개입을 어렵게 하였다. 하지만 호시냐의 경우 평화유지경찰대로 인한 지배 구조의 변화는 외부 개입을 용이하게 하였다. 호시냐는 범죄 조직의 힘이 평화유지경찰대 프로그램을 통해 약화되었고, 그 영향으로 주민자치기구의 영향력이 강화되며 지배 구조의 변화를 겪었다. 이로 인해 정부와의 의사소통이 원활해졌고, 정부 혹은 국제기구 등에 의한 외부 개입이 가능해졌다. 지배구조 변화로 인한 내부 행위자와 외부 행위자 간의 적극적인 상호작용은 호시냐 파벨라의 구조도 변화시켰다. 치안 문제가 어느정도 해결되면서 외부 개입이 가능해지자 환경 관련 정책과 프로그램이 대거 투입되기 시작했고, 이로 인해 호시냐의 인프라와 환경이 크게 개선되었다. 즉, 호시냐는 롱이 주장했듯 구조와 행위 간의 활발한 상호작용을 통해 호시냐 내의 사회구조를 변화시키는 데 성공하였다.

2. 행위적 요인 분석

롱에 의하면 구조와 행위는 상호의존적이며, 다양한 행위자의 상호작용에 의해 사회가 변화된다. 이들이 긍정적인 방향으로 상호작용하면 바람직한 사회 변화를 이끌어낼 수 있다. 이러한 측면에서 호시냐 파벨라는 다양한 행위자 간의 긍정적인 상호작용으로 성공적인 환경 보전을 이끌어냈다.

1) 외부 행위자

(1) 정부의 치안 강화

파벨라 내 외부 개입을 어렵게 하는 요인 중 하나는 치안 문제이다. 마약 카르텔 등 범죄 조직에 의해 통제되는 파벨라가 많은 만큼 치안이 굉장히 불안정한 경우가 많고, 이는 외부 행위자들이 파벨라 내에 개입하는 데 부담을 준다. 따라서, 치안이 안정화되어 있으면 환경개선 프로그램 혹은 정책들이 비교적 쉽게 적용될 수 있을 것으로 예상해보았다.

호시냐의 경우 브라질 정부 당국의 치안 회복 작전으로 질서가 확보된 지역이다. 평화유지경찰대UPP가 주둔하여 외부 개입이 보다 수월하게 이루어졌으며, 다양한 도시 개발 프로그램과 환경 프로그램의 대상이 되었다. 앞서 언급한 Green My Favela 프로그램 또한 평화유지경찰대의 주둔과 거의 동시에 호시냐 내부에 설립되었다. 안정된 치안으로 인한 외부 개입은 호시냐의 인프라 부족 문제와 환경문제 개선에 많은 도움이 되었다.

(2) 외부 기관의 지원 확대

앞서 외부의 관심을 정부 및 비정부기구 등에 의한 정책 혹은 프로그램 등 외부의 개입과 그 관심으로 정의한 바 있다. 구조적 요인의 첫 번째 변수인 치안의 안정화와 연결되기도 하는데, 비교적 안정된 치안으로 외부 개입이 가능해지자, 호시냐는 다양한 주체들로부터 관심을 받게 되었으며, 환경 측면에서는 여러 가지 환경 관련 정책 혹은 프로그램의 수혜자가 되었다. 브라질 내 파벨라는 셀 수 없이 많고 넓게 퍼져 있어 파벨라 대상 정책들은 주로 소수의 파벨라에 집중되어 있고, 많은 파벨라가 무관심 속에 방치되어 있다는 점을 미루어 보았을 때, 외부로부터 파벨라 내 다양한 문제에 관해 관심을 받고 정책의 대상이 된다는 것은 환경문제 등의 개선에 도움이 될 뿐만 아니라, 주민들로 하여금 사회로부터 배제되어 있지 않다고 느끼게 하며, 적극적으로 프로그램 혹은 정책에 참여할 수 있도록 한다. 앞서 언급한 De Olho no Lixo 프로그램이나 Green My Favela 프로그램 등은 모두 호시냐 내 환경문제에 대한 외부의 관심으로부터 시작되었고, 다양한 프로그램으로 호시냐의 환경 개선에 도움이 되었다.

(3) 교육 프로그램

파벨라 주민들은 대부분 교육 수준이 높지 않고 교육 기회가 적기 때문에, 성공적으로 환경 개선을 하려면 주민들에게 환경 교육을 제공하는 것이 필요하다. 이는 파벨라 주민들의 환경에 대한 인식과 지식을 함양하여 환경에 관심을 갖고 환경 보전과 관련된 활동을 실천할 수 있도록 한다. 하지만 기본적인 교육도 받기 어려운 파벨라 주민들에게 환경 교육은 접근하기 어려운 영역이다. 따라서, 파벨라 주민이 환경 교육을 받을 기회가 있으면 파벨라 내 환경에 긍정적인 영향을 미칠 것으로 예상하였다.

호시냐의 경우 다양한 형태의 환경 교육이 제공되었다. De Olho no Lixo의 경우, 재활용 악기로 음악 수업을 제공하는 Funk Verde와 버려진 천으로 의류를 만드는 워크숍을 진행하는 Ecomoda 프로젝트를 운영하였다. 주민들은 이 프로그램들에 적극적으로 참여하였다. GMF 또한 환경 교육의 기회를 제공하였다. GMF의 프로그램 중 Rocinha Mais Verde 프로젝트는 주민에게 다양한 형태의 체험형 교육 워크숍을 제공하였으며, GMF의 인턴들 또한 환경 교육 프로그램을 강화하는 데 도움을 주었다. 이 공동체 정원은 교육 공간으로도 활용되었고, 프로젝트는 성공 사례로 거듭났다. 호시냐 내에서 진행된 다양한 환경 관련 프로젝트들은 주민에게 환경 교육의 기회도 함께 제공함으로써 환경에 대한 인식을 제고함과 동시에 지역 내 환경 개선에 도움을 주었다.

2) 내부 행위자

(1) 다양한 행위자 간의 상호작용 및 적극적인 주민 참여

앞서 정부, 비정부기구 등 외부 행위자와 파벨라 주민, 자치공동체 등의 내부 행위자 간 협업과 의사소통 등의 상호작용은 환경 보전 프로젝트 를 보다 원활히 진행할 수 있도록 할 것이라고 예상하였다. 호시냐는 다양한 행위자 간 의사소통과 상호작용, 그리고 이에 대한 적극적인 주민 참여로 성공적인 환경 개선을 이루어냈다.

De Olho no Lixo 프로그램은 INEA국가환경연구소, 주 정부, Asserj리우데자네이루주 슈퍼마켓협회, 사회단체 Viva-Rio 등 다양한 행위자들에 의해 이루어졌다. 이러한 외부 행위자들이 설정한 쓰레기 수거와 환경 교육 프로그램 등에 대해 주민들은 자원봉사자로 참여하고, Rocinha Recicla라는 자치공동체를 형성하기도 하며 적극적으로 프로그램에 참여하고 기여하였다. 결론적으로 640톤 이상의 대량 폐기물이 지역사회에서 제거되며 프로그램이 성공적인 사례로 인식돼 다른 파벨라들로 확산되는 등 긍정적인 결과를 가져왔다.

이는 Green My Favela 프로그램에서도 볼 수 있다. GMF는 개인, 가족, NGO, 학교, 민간 및 공공 부문, 사회 혁신가 등의 행위자 간 상호작용으로 이루어진 장기 프로젝트였다. GMF의 프로그램 중 하나였던 Rocinha Mais Verde 또한 GMF와 NGO인 Mundo da Arte, 그리고 탁아소 간의 협업으로 이루어진 프로젝트였다. 특히 이 프로젝트는 파벨라 지역 어린아이들도 참여한 프로젝트이며, 지역 주민과 외부에서 온 인턴 등 다양한 참여자로 이루어졌다. 이들의 적극적인 참여와 상호작용으로 성공적인 결과를 얻었으며, 국제적으로 지속 가능한 디자인의 우수 사례로 인정받기도 하였다. 이 외에 Pedacinho da Terra나 Macega Horta 등 다른 GMF 프로젝트들도 외부와 내부 행위자 간 상호작용과 적극적인 주민 참여로 이루어진 프로젝트이다.

호시냐에서 이러한 환경 관련 프로젝트들이 성공적인 행보를 이룰 수 있었던 것은 다양한 행위자 간 상호작용과 적극적인 주민 참여가 있었기 때문이다. 외부로부터 개입이 이루어져도 주민의 참여가 없다면 프로그램의 성공은 보장하기 힘들 것이다. 하지만 호시냐의 주민들은 프로그램에 적극적으로 참여하고 소통함으로써 성공적인 환경 개선을 이루며 삶의 질을 향상시켰다.

(2) 자치 공동체 형성

지역공동체 활동에 대한 주민의 자발적인 참여와 자치적 노력은 지역사회 발전과 문제 해결에 도움이 된다. 따라서, 파벨라 내 자치 공동체가 형성되고 자치 노력이 수반되면 환경 보전에 긍정적인 영향을 미칠 것으로 예상하였다. 호시냐의 경우 환경 프로그램 등에 주민이 자발적으로 참여한 경우가 많았고, 특히 De Olho no Lixo 프로그램을 진행하면서는 자체적으로 협동조합 Rocinha Recicla를 설립하였다. Rocinha Recicla는 인식 제고 활동과 쓰레기 수거 및 재활용 등 여러 방면에서 활동하며 호시냐의 환경 보전에 앞장섰다. 또한, AMABB와 UPMMR과 같은 주민 자치기구들은 주민과 정부 간 매개체 역할을 하며 의사소통을 원활하게 할 수 있도록 도와주었다. 이러한 자치 공동체는 같은 문제의식에서 시작해 지역사회의 발전과 문제해결을 위해 적극적으로 협력하고 단결한다는 데 의의가 있다. 같은 목표를 지닌 주민들이 함께 협력해 긍정적인 영향을 이끌어내는 것이다.

3. 분석 결과

수많은 파벨라 중 호시냐Rocinha 파벨라를 선정해 그 지역의 환경 개선 노력에 대해 구조적, 행위적 요인으로 분석해 보았다. 구조적 요인의 개선은 호시냐 내에 외부 개입을 용이하게 하였고, 이는 외부 행위자와 내부 행위자 간 상호작용으로 이어졌다. 이 과정에서 이루어진 자치 공동체 형성 혹은 주민들에게 제공된 교육 프로그램은 호시냐 내의 환경 개선에 많은 도움이 되었고, 특히 주민들의 적극적인 참여는 다양한 프로그램이 호시냐 내에 잘 적용될 수 있도록 작용하였다. 다양한 행위자 간 상호작용은 호시냐의 구조를 긍정적인 방향으로 변화시켰다. 앞서 설정한 구조적 요인과 행위적 요인의 상호작용, 그리고 그 과정 속에서의 다양한 행위자 간의 원활한 의사소통과 상호작용은 파벨라 내의 환경 보전에 도움을 줄 수 있다. 외부의 개입이 용이한 지역에서의 이러한 상호작용들은 다른 파벨라에도 적용된다면 그 지역의 환경 개선에 도움이 될 것으로 판단된다.

결론

브라질 내 파벨라의 환경문제는 오래전부터 지속된 문제이다. 불법적으로 건설된 경우가 많고, 쓰레기 매립장, 산비탈, 삼림 보호지역 등 지형을 가리지 않고 넓게 퍼져 있기 때문에 자연재해에 취약하며, 대부분 전기와 수도 공급 등이 원활하지 못하다. 기본적인 위생 인프라가 구축되어 있지 않기 때문에 다양한 형태의 환경오염이 발생하며, 녹지 공간이 부족해 주민 삶의 질을 저하시킨다. 정부가 파벨라 내 환경문제에 관심을 가지고 다양한 프로젝트들을 진행함에 따라 NGO, 주민, 정부 등 다양한 행위자들이 환경 보전을 위해 다각도로 노력하였다. 하지만 아직 파벨라 내의 환경문제는 심각하며, 개선이 필요한 지역이 많다. 이에 비교적 성공적인 환경 보전을 이루어 낸 호시냐Rocinha 파벨라의 사례를 선정해 성공의 특징을 노만 롱의 행위자중심이론을 바탕으로 구조적, 행위적 요인으로 설정해 분석해 보았다. 구조적 요인으로는 파벨라의 지배 구조와 사회구조 등을, 행위적 요인으로는 외부 행위자정부의 치안 강화, 외부 기관의 지원 확대, 교육 프로그램와 내부 행위자다양한 행위자 간의 상호작용 및 적극적인 주민 참여, 자치 공동체 형성를 설정하였다. 롱은 구조와 행위의 상호작용을 통해 사회가 발전한다고 하였다. 롱의 이론을 토대로 분석틀을 설정해 호시냐 파벨라에 적용해 분석한 결과, 구조와 행위의 충분한 상호작용과 그 과정에서 외부와 내부의 행위자들이 활발히 소통할 때 성공적인 환경 보전이 이루어질 수 있음을 볼 수 있었다. 파벨라 내 지배 구조의 변화는 외부 개입을 가능하게 하였고, 이를 통한 다양한 내부와 외부 행위자 간의 상호작용과 적극적인 주민 참여는 환경 개선을 가능하게 했다. 이는 다른 파벨라에 적용될 수 있다면 많은 파벨라의 환경 개선에 도움이 될 수 있을 것이다.

참고문헌

김규정. (2001).『행정학개론』. 서울: 법문사.

서재호. (2013). “주민자치 활동 참여와 공동체 의식”,『한국사회와 행정연구』 제24호, 437-459.

서지현. (2021). “도시 거버넌스 변화와 사회.공간적 함의: 브라질 리우 데 자네이루 파벨라의 사례”,『포르투갈-브라질 연구』 제18호, 7-36.

안성수, 하종근. (2006). “주민자치센터 운영실태분석과 바람직한 운영방안”,『도시행정학보』 제19호, 3-30.

양덕순, 강영순. (2008). “지역공동체의식이 주민참여에 미치는 영향 분석”,『한국지방자치학회보』 제20호, 71-89.

정길화. (2013). “파벨라, 브라질의 고민과 모순이 응축된 곳”,『인물과사상』, 158-167.

최남숙. (1993).『서울시 주부들의 환경교육과 환경보전행동에 관한 연구』, 국내 박사학위논문, 이화여자대학교 대학원 가정관리학과, 1-149.

Clara, P. M. (2020). “Educação Ambiental NAS Periferias: Um olhar para o presente”, https://www.vozdascomunidades.com.br/geral/educacao-ambiental-nas-periferias-um-olhar-para-o-presente/ (Search: 24.05.2023).

Duarte, C. R., Magalhães, F (2008). “Upgrading squatter settlements into city neighborhoods”, *Contemporary Urbanism in Brazil*, 266-289.

Green my favela(n.d.). “Green my favela”, https://www.greenmyfavela.org/, (Search: 29.05.2023).

HÖELZ, Y. F. (2017). “MILÍCIA DO GOVERNO”: Faces Da Construção de Um Projeto de “Polícia de Proximidade na UPP Rocinha”, *Niterói*, 1-83.

IBGE. (2010). “Censo Demográfico 2010”, IBGE. https://censo2010.ibge.gov.br/, (Search: 10.06.2023).

INEA. (2016). "Secretário do Ambiente Apresenta resultados do Projeto de Olho no LIXO, Na Comunidade da Rocinha, Zona Sul do rio", http://www.inea.rj.gov.br/secretario-do-ambiente-apresenta-resultados-do-projeto-de-olho-no-lixo-na-comunidade-da-rocinha-zona-sul-do-rio/, (Search: 10.06.2023).

INEA. (2018). "Nota à imprensa - projeto de OLHO NO LIXO", http://www.inea.rj.gov.br/nota-a-imprensa-projeto-de-olho-no-lixo/, (Search: 10.06.2023).

IPP. (2020). "Informações sobre a cidade", https://www.data.rio/, (Search: 20.05.2023).

Libertun de Duren, N. R., Rivas, R. O., Perlman, J. (2021). "Environmental and social sustainability of Urban Upgrading Programs: Lessons from Rio". *Cities*, Vol. *119*.

Long, N. (2001). *Development sociology: Actor perspectives*. Routledge.

Lopes de Souza, M. (2009). "Social movements in the face of Criminal Power". *City*, Vol. *13*, n° 1, 26-52.

Mattessich, P. W; Monsey, B. R.; Roy, C. (1997). *Community building: What makes it work: A review of factors influencing successful community building*. Wilder.

Parnell, J. (2012). "Sustainability in the favelas: Swapping Guns for Gardens", https://www.climatechangenews.com/2012/06/13/sustainability-in-the-favelas-swapping-guns-for-gardens/, (Search: 25.05.2023).

Perlman, J. (2011). *Favela: Four decades of living on the edge in Rio de Janeiro*. Oxford University Press.

Rekow, L. (2012). "Green my favela - an act of defiance", *International Journal of Education Through Art*, Vol. 8, n° 3, 305-319.

Rekow, L. (2016). "On unstable ground: Issues involved in Greening Space in the Rocinha Favela of rio de janeiro". *Journal of Human Security*, Vol.

12, n° 1, 52-73.

Rocha, A. B. (2020). "Ser mulher na Rocinha: cultivar, tratar, praçar", https://pantheon.ufrj.br/bitstream/11422/18396/1/ABRocha.pdf, (Search: 05.05.2023).

Rocinha Favela(n.d.). "Rocinha favela. Rocinha Favela", https://rocinhafavela.weebly.com/, (Search: 15.05.2023).

Sørbøe, C. M. (2013). "Security and Inclusive Citizenship in the Mega-City: The Pacification of Rocinha, Rio de Janeiro", *University of Oslo*. 1-106.

Villa, F., Arcidiacono, A., Causone, F., Masera, G., Tadi, M., Grosso, M. (2020). "Entering rocinha: A GIS approach for the improvement of solid waste management in a slum in Rio de Janeiro", *Detritus*, Vol. 09, n°9, 221-231.

Viva Rio. (2021). "*Em dois anos, Programa de olho no lixo recolhe Quase 900 Toneladas de resíduos Na Rocinha*", http://vivario.org.br/em-dois-anos-programa-de-olho-no-lixo-recolhe-quase-900-toneladas-de-residuos-na-rocinha/, (Search: 24.05.2023).

• 반혜원

반혜원은 고려대학교 서어서문학과를 졸업하고 서울대학교 국제대학원에서 국제학 석사 학위를 취득하였다. 주요 관심 분야는 중남미 지역학이다.

(연락처: bhyewon@snu.ac.kr)

• 김종섭

김종섭은 시카고 대학교에서 경제학 박사 학위를 취득하였으며, 현재 서울대학교 국제대학원 교수로 재직 중이다. 주요 연구 분야는 국제개발과 중남미 경제이다.

(연락처: chongsup@snu.ac.kr)

3장 E-2020 아프리카 사례를 중심으로 본 국경 말라리아 차단의 중요성*

박도연**, 송지연***

서론

모기는 인류 역사상 가장 많은 사람을 사망에 이르게 한 동물이다. 모기로 인한 한 해 사망자는 사람에 의한 사망자 수보다 두 배, 뱀으로 인한 사망자 수보다 스무 배에 달한다BBC 2016. 이는 대체로 직접적인 모기 물림으로 인한 사망이 아니라 모기를 매개체로 하는 전염병인 말라리아 때문으로 나타났다. 1880년부터 시작되어 인류와 긴 역사를 함께한 말라리아는 오늘날까지도 전 세계적으로 해마다 약 2억~3억 명의 감염자와 50만 명의 사망자를 낳는 심각한 전염병으로 분류되고 있다. 다행히도 현재 총 40개 국가가 말라리아 청정국으로 인정될 정도로 퇴치를 향한 여러 국제기구와 국가의 노력이 계속되고 있다. 세계보건기구는 변화하는 말라리

* 본 연구는 서울대학교 국제대학원 4단계 BK21 교육연구단『국제지역과 개발의 다학제적 연구를 통한 교재개발』의 지원을 받아 수행되었으며,「국제지역연구」제32권 제2호(2023)에 게재된 논문을 수정·보완한 것입니다.

** 서울대학교 국제대학원 박사과정생, 제1저자
*** 서울대학교 국제대학원 교수, 교신저자

아 양상과 새로운 기술을 고려하여 2015년에 새 프로그램인 '말라리아 글로벌 기술 전략Global Technical Strategy, 이하 "GTS" 2016-2030'을 발표하며 말라리아 박멸에 박차를 가하고 있다. 그러나 이러한 노력에도 불구하고 아프리카의 여러 국가에서 여전히 말라리아로 인해 큰 피해를 입고 있는 실정이다. 2020년 기준 아프리카에서만 2억 2,800만 건의 말라리아 사례가 발생하였으며, 이는 전 세계 발병의 95%를 차지할 만큼 심각한 문제로 남아있다WHO 2021.

본 논문에서는 말라리아 퇴치를 위한 의학 치료 및 기술이 발전하고, 청정국이 나날이 늘어감에도 불구하고 왜 상당수의 아프리카 국가가 여전히 말라리아 박멸에 어려움을 겪고 있는지 분석한다. 이전의 다양한 연구들이 아프리카에서 계속되는 말라리아 피해의 원인으로 환경적인 특성과 불안정한 사회경제 문제를 주로 거론해왔지만, 아프리카의 지리적 특성중 하나 국가 간 높은 밀집도를 고려한 연구는 부족한 실정이다. 따라서 본고에서는 이러한 특징에 기반하여 아프리카의 '국경 말라리아'를 중심으로 분석하고자 한다.

본 논문의 구성은 다음과 같다. 제2절에서는 국경 말라리아의 개념과 이를 야기하는 요인들을 통해 생소할 수 있는 국경 말라리아에 대한 이해를 도모하는 것으로 글을 시작하려 한다. 제3절에서는 최근 진행된 중국 및 남미와 관련된 선행 연구들을 통해 국경 말라리아의 중요성을 알아보고자 한다. 이후 제4절에서는 현재 아프리카 내에서 말라리아가 어떤 영향을 미치고 있는지 확인해 보려 한다. 더불어 이러한 상황을 타파하기 위해 진행되었던 E-2020[1] 선정 국가 중 아프리카 국가에 초점을 맞춰 해당 프로그램의 목표 달성 국가와 미달성 국가의 사례를 비교하여 국경 말

1 세계보건기구는 2016년에 E-2020 계획을 발표하며 2020년까지 토착 말라리아를 박멸할 잠재력이 있는 21개의 국가를 지정했다. 본 논문에서는 해당 국가들은 "E-2020 국가"로 칭한다.

라리아의 중요성에 관해 논하고자 한다. 마지막으로 제5절에서는 국경 말라리아를 발생시키거나 악화시키는 요인들을 다양한 국가 사례를 통해 알아보고, 이에 대한 효과적인 대책을 제안하며 글을 맺고자 한다.

국경 말라리아의 개념과 요인

'국경 말라리아border malaria'란 세계보건기구가 정의한 토지 경계선을 공유하는 국가 간의 국경을 따라 일어나는 말라리아 전파 또는 전파 가능성을 일컫는다WHO 2018. '초국경 말라리아cross-border malaria' 혹은 '국경 유입 말라리아border-spill malaria'로도 불리지만, 본고에서는 논의의 편의성을 위해 이와 같은 상황을 국경 말라리아로 통일하여 사용한다.

국경 말라리아 통제의 중요성은 토착 말라리아 박멸에 근접했거나 국내 말라리아 발병 사례를 성공적으로 감소시킨 국가일수록 강조된다. 국가가 벡터 제어[2]나 치료 등을 통해 국내 말라리아를 거의 퇴치하였더라도, 국경을 통해 유입되는 말라리아로 인해 발병 사례가 급증하는 경우가 있기 때문이다. 즉, 국내의 발병 요인을 잘 통제한 국가일수록 국경 말라리아로 인해 박멸 목표가 좌절될 수 있다. 이미 말라리아 박멸에 성공하여 세계보건기구로부터 말라리아 청정국 인증을 받은 국가 또한 국경 말라리아의 위험에서 자유롭지 않다. 이처럼 말라리아 퇴치에 주요한 변수가 될 수 있는 국경 말라리아를 야기하거나 악화시키는 요인은 대부분의 경우 네 가지로 구분된다. 이는 유동 인구, 국경 거주 인구, 삼림, 그리고

---

2 벡터 제어란 매개체 관리라고도 불리며, 말라리아를 옮기는 모기를 대상으로 하는 예방 활동으로 말라리아 전염을 줄이는 매우 효과적인 방법이다. 말라리아 퇴치 전략에 필수적인 요소로 WHO는 살충제 처리 모기장의 사용을 권장하고 있다.

국가 간 정책 차이를 포함한다.

첫 번째 요인인 유동 인구는 장기 혹은 단기적인 목적으로 국경을 넘나드는 인구를 뜻하며, 장기적인 목적의 유동 인구는 영구적으로 거주지를 옮기는 것에 반해 단기 유동 인구는 일, 주, 연 등과 같은 주기를 기준으로 순환하는 특징이 있다. 그러나 이러한 국경 간 이동 인구들은 제대로 확인되지 않는 경우가 많기 때문에 신뢰할 수 있는 자료를 얻기가 매우 어렵다. 일반적으로 말라리아 박멸에 거의 성공한 나라들의 경우, 잔여 말라리아 발병이 이러한 국경 간 이동과 같이 추적이 어려운 인구에 집중되어 있다. 이와 같은 이동 인구들은 대부분 비공식적으로 국경을 넘기 때문에 추적하기 쉽지 않고, 해당 국가들의 효과적인 말라리아 통제 프로그램에 어려움을 준다. 실제로 미얀마, 라오스, 그리고 베트남과 국경을 맞대고 있는 중국의 윈난성 지역의 경우 확인되지 않은 국경 간 이동이 빈번하게 일어나고 있다Clements et al. 2009. 방글라데시는 과거 미얀마에서 밀입국해 들어오는 인구로 인해 말라리아 통제에 큰 어려움을 겪기도 했다Reid et al. 2010. 이처럼 많은 유동 인구 사례, 특히 공식적으로 확인되지 않는 경우는 국경 지역의 말라리아 발생률을 높이거나 말라리아 박멸 후 다시금 외부 말라리아를 유입하는 데 많은 영향을 미친다.

그러나 말라리아 발병에 영향을 주는 것은 비단 유동 인구뿐만이 아니라, 국경 지역에서 거주하는 인구들 또한 포함된다. 저개발 국가의 국경 지역 거주민들은 국가중심지에서 거주하는 사람들에 비해 높은 확률로 가난에 노출되어 있다. 이러한 경제적 상황으로 인해, 국경 지역 거주자들은 말라리아 모기가 많이 서식하는 숲이나 광산과 같은 취약한 노동 환경에서 경제활동을 해야 하는 일이 빈번하다Chaveepojnkamjorn et al. 2004. 더욱이 이와 같은 경제활동이 불법인 경우, 국가 의료 서비스에 대한 접근이 더욱 어려워질 수 있다. 또한, 가난으로 인한 과밀 거주 문제와 더불어 모기장과 같은 보호수단이 부재한 주택 시설은 말라리아에 대한 위험을 더욱 높이고 있다. 연구에 의하면 미완성되거나, 진흙과 야자나무 잎을 이용한 거주 시설이 벽돌과 회반죽을 이용해 건축한 시설에 비해 말라리아 위험도가 더 높은 것으로 나타났다Konradsen et al. 2003. 국경 지역 거주민들의 가난으로 인한 문제 이외에도 고려해야 하는 점은 바로 소수민족 집단이다. 소수민족 집단들은 다수가 국경 지역에서 거주하며, 이들은 경제적 또는 문화적 이유로 다른 인구에 비해 정규 교육과 국가 주도 보건 정책에 대한 접근이 제한적일 수 있다Erhart et al. 2005. 이러한 소수민족 집단은 살충제 처리 모기장을 포함한 여러 말라리아 대응책을 제대로 사용하기 어렵고, 결국 말라리아에 더욱 취약한 위치에 놓인다. 해당 집단의 주민들은 말라리아에 걸리더라도 정부의 관심을 꺼려 의도적으로 의료 시설 이용을 회피하는 경우가 있어 말라리아 통제에 많은 어려움을 발생시킬 수 있다 Hiwat et al. 2012.

세 번째 국경 말라리아의 요인은 삼림으로, 삼림 자체와 삼림 벌채 모두 국경 말라리아의 위험도를 높이는 데 영향을 미친다. 국경 지역에는 중심지에 비해서 우거진 숲과 삼림이 많고, 이러한 환경에는 다양한 종의 학질모기가 서식하고 있다. 국경 지역 거주민들은 농사, 삼림 관리, 채굴, 관광, 그리고 개발 프로젝트와 같은 다양한 이유로 말라리아에 직업적으로 노출될 확률이 높다Pichainarong et al. 2004. 말라리아는 성인보다 아동이 더욱 취약한 질병이지만, 삼림 주변 거주민들의 경우 이러한 직업적 노출로 인해 벌목, 수렵, 채집과 같은 직업을 가진 성인들이 더 말라리아에 취약한 것으로 나타났다. 삼림 벌채 또한 사람과 모기 간의 접촉을 증가시키면서 말라리아 전파 위험을 높인다. 대규모 농업 활동이나 정착 프로그램, 혹은 천연 에너지 발전소 건축 등의 이유로 삼림이 대규모로 사라지고 있는데, 갑작스레 서식지를 잃은 학질모기들이 민가로 내려와 자리를 잡으면서 말라리아 전파를 가속할 수 있기 때문이다. 또한 삼림 벌채 이후 형성되는 물웅덩이와 낙엽 쓰레기로 인해 더 많은 학질모기가 발생하기도 한다. 실제로 남아메리카에서 이러한 환경으로 인해 말라리아 사례가 급증한 전적이 있는 것으로 밝혀졌다Olson et al. 2010.

앞서 거론된 세 가지 요인과 더불어 국경 말라리아의 박멸에 큰 어려움을 주는 것은 국경을 맞대고 있는 국가 간 말라리아 정책의 차이이다. 일례로 국경을 접한 라오스와 베트남의 경우, 라오스는 높은 지속력의 살충 모기장LLIN을 배분함으로써 말라리아를 통제하려 했던 반면, 베트남은 주로 살충 스프레이에 의존하는 정책을 펼쳤다Anh et al. 2005. 두 나라의 진단과 치료 방법 또한 차이가 있는데, 라오스는 신속 진단 검사RDT를 이용하는 반면 베트남은 현미경 검사로 진단 하도록 정해져 있다Wangdi et al. 2015. 이처럼 국가 간 박멸, 진단, 그리고 치료 방법의 차이가 지속되면 국경 지역의 말라리아를 한번에 퇴치하는 것이 불가능할 수 있다. 설령 이웃 국가 간의 접근 방식이 비슷하다고 하더라도 모기나 모기 기생충의 내성 약물이 지역마다 다를 수 있으므로 치료나 통제에 쓰이는 약품이나 화학물질이 다른 영향을 미치는 경우도 있다. 이러한 상황들을 고려했을 때, 국경 말라리아 문제를 근절하는 것이 자국 내 말라리아 퇴치를 위해 꼭 필요한 만큼 이뤄내기 어려운 사안인 것 또한 알 수 있다.

선행 연구

말라리아와 관련한 여러 연구가 활발하게 지속되는 것에 비해 국경 말라리아와 관련된 연구는 미흡한 편이다. 그러나 최근 국경 말라리아에 관해 진행된 연구들을 통해 국경 말라리아의 중요성에 대해 알 수 있다.

2021년 세계보건기구로부터 말라리아 청정국으로 인증 받은 중국의 경우, 국내 박멸을 위주로 했던 과거 말라리아 통제 전략을 국경 말라리아 예방으로 발전시켰다Xu et al. 2021. 특히 중국의 윈난성은 미얀마, 라오스, 베트남과 국경을 접하고 있는 지역으로, 말라리아 박멸 과정에서 국경 말라리아로 인해 지속해서 문제에 직면했다. 감염된 학질모기가 윈난성 주변의 말라리아 풍토 국가로부터 국경을 넘어 들어오며 중국의 국경 지역에 말라리아를 다시 발병시켰던 것이다. 이러한 문제를 해결하기 위해 전문가들은 '표식 - 방사 - 재포획Mark-Release-Recapture[3]' 방법으로 총 143곳에서 학질모기 291마리의 이동 거리를 조사했다. 조사 결과 암컷 학질모기의 평균 이동 거리가 최대 2.5km인 것으로 나타났고, 이에 맞춰 중국은 국경선을 기준으로 2.5km 반경을 대상으로 포괄적이고 집중적인 박멸 전략을 시행하였다. Xu et al. 2021은 이와 같이 중국 내 말라리아 재발을 방지하려면 말라리아 토착 국가들과의 국경 협력이 반드시 필요하다고 강조한다. 특히 공동 국경 지역 내 합의된 퇴치 전략과 활동을 통해 말라리아 부담을 줄이거나 토착국의 국경 지역 말라리아를 박멸해야 한다고 주장하며, 국경 말라리아 통제의 중요성을 서술한다.

Wangdi et al. 2022은 브라질과 베네수엘라 국경 지역의 말라리아 연구를 통해 국경 말라리아는 전 세계 말라리아 박멸을 위해 해결해야 하는 큰 난제라고 묘사한다. 최근 베네수엘라의 불안정한 정치, 사회, 경제적 상황으로 인해 브라질과 가이아나 등의 이웃 국가로 이동하는 이민자 수가 급증하게 되었다. 이로 인해 그 주변국인 페루와 에콰도르의 국경 지역을 따라 국경 말라리아의 문제 또한 심화되는 것으로 나타났다. 저자는 이와 같은 문제를 해결하기 위하여 국경 말라리아의 대규모 감염지를 식별한 뒤

3 생물의 이동 경로와 개체군 크기를 측정하는 조사 방법의 일종.

초국경 협력을 통한 말라리아 감시 체제를 수립해야 한다고 이야기한다. 특히, 대규모 감염지로 식별된 국경 지역의 인구에게는 그들의 직업, 나이, 그리고 이동 패턴에 따른 맞춤형 제재 전략의 필요성과, 국경 지역 인구를 위한 새로운 접근 방식 도입의 중요성을 논의한다.

이처럼 아시아와 남미 국가의 사례를 위주로 진행된 국경 말라리아에 대한 최근의 선행 연구들을 통하여 국경 말라리아 통제의 중요성을 알 수 있다. Xu et al. 2021은 이미 퇴치에 성공했지만 말라리아의 재발병을 예방하기 위해 국경 말라리아 통제 전략을 도입한 중국을 통하여, Wangdi et al. 2022은 현재 퇴치를 진행하고 있는 남미 국가들을 통하여 이를 묘사하고 있다. 이러한 국경 말라리아가 전 세계에서 말라리아 발병률이 가장 심각하다고 알려진 아프리카에서는 어떠한 문제점을 시사하고 있는지 다음의 사례 분석을 통해 살펴보도록 한다.

아프리카 내 말라리아 사례 분석

1. 아프리카 말라리아 현황

그림 1 | 국가별 말라리아 발병비율

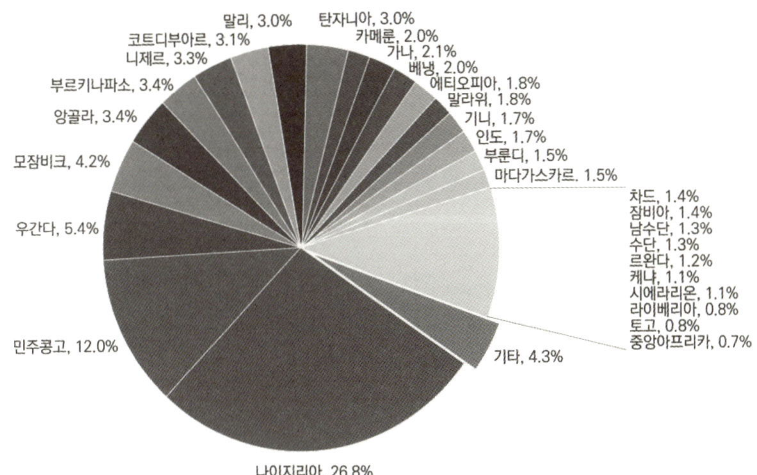

자료: 세계보건기구 세계 말라리아 보고서 2021

중국과 엘살바도르가 2021년 각각 말라리아 청정국으로 거듭나며, 아시아와 아메리카 대륙의 국가들은 성공적인 말라리아 박멸을 이어가고 있다. 그러나 아프리카 내 말라리아 발병 사례는 여전히 심각한 상황이다. 2021년에 세계보건기구가 발행한 세계 말라리아 보고서에 의하면 2020년에만 총 85개 말라리아 풍토 국가에서 2억 4,100여만 건의 말라리아 사례가 발생했다. 이 중 아프리카의 사례가 2억 2,800여만 건으로 전 세계 발병의 95%를 차지한다WHO 2021, 26. <그림 1>에서 볼 수 있듯이, 나이지리아가 26.8%로 발병 비율이 가장 높고, 콩고민주공화국이 12%, 우간다가 5.4%, 모잠비크 4.2%, 그리고 앙골라가 3.4%를 차지한다. 이렇게 다섯 개의 국가가 전 세계 말라리아 발생 건의 절반 이상을 차지하고 있다.

또한 총 62만 7천여 건인 2020년 전 세계 말라리아 사망 사례 중 60만 2,000여 건이 아프리카에서 발생하여 이 또한 전 세계 사망의 비중에서 96%를 차지한다WHO 2021, 26. <그림 2>에서 보듯이 사망 비율에서도 나이지리아가 31.9%로 가장 많은 부분을 차지하고, 콩고민주공화국 13.2%, 탄자니아 4.1%, 그리고 모잠비크가 3.8%를 차지한다. 이렇게 네 곳의 아프리카 국가가 전 세계 말라리아로 인한 사망 사례의 절반을 차지하는 것을 볼 수 있다.

그림 2 | 국가별 말라리아 사망 비율

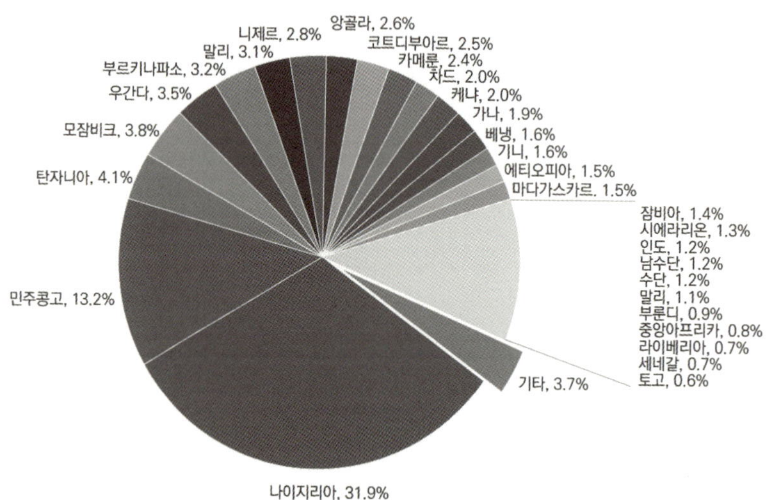

자료: 세계보건기구 세계 말라리아 보고서 2021

2019년의 자료에 따르면 전 세계의 말라리아 발생 사례는 2000년의 108개 말라리아 풍토 국가와 2억 3,800만 건에 비하면 꾸준히 감소해 왔다WHO 2020, 19. 사망 사례 또한 비슷하다. 2000년에는 말라리아로 인해 73만 6,000명이 목숨을 잃었지만 2019년에는 40만 9,000명으로 절반 가까이 감소했다. 말라리아로 인한 사망 중 가장 심각한 문제로 여겨지는 5세 이하 아동 사망 비율도 2000년 84%에서 2019년 67%로 감소했다. 그러나 이러한 감소 현상은 2019년 말 발생한 신종 코로나바이러스의 확산으로 인해 중단되고 만다. 2020년 전 세계 말라리아의 발생과 사망 사례가 전년 대비 증가하였기 때문이다WHO 2021, 26. 2019년의 발생 사례와 사망 사례가 각각 2억 2,900만여 건과 40만 9,000여 건이었던 것에 비해 2020년은 앞서 거론된 바와 같이 2억 4,100만여 건과 62만 7,000여 건으로 증가했다. 더불어 2019년 전 세계 말라리아 발병과 사망 비중의 94%를 차지하던 아프리카의 비중은 2020년에 각각 95%와 96%로 증가하며 아프리카 말라리아의 심각성을 보여주었다. 그러나 신종 코로나바이러스가 발생하기 전에도 전 세계에서 아프리카가 차지하는 발병과 사망 비율은 감소하지 않고 있었다. 신종 코로나바이러스라는 변수를 참작하더라도, 아프리카는 다른 대륙과 국가들이 성공적으로 말라리아를 퇴치하는 동안 그만큼의 효율을 올리지 못하고 있다는 뜻이다.

지금까지 진행되어온 아프리카 말라리아 관련 연구에 따르면, 아프리카 대륙이 말라리아에 취약한 이유는 크게 환경적 요인과 사회 제도적 요인으로 나눌 수 있다. 환경적 요인으로는 열대열원충[4]에 취약하고 인간을 무는 습성이 강한 모기의 특성, 모기의 번식에 유리한 아프리카의 열대 및 아열대 기후 특성이 거론되어 왔다Center for Disease Control and Prevention 2010. 또한 사회 제도적 요인으로는 아프리카 국가의 불안정한 사회경제와 만성적인 의료 인력 부족과 같은 낮은 의료 접근성을 찾을 수 있다Ghani 2018. 이러

4 열대열원충(plasmodium falciparum)에 의한 열대열 말라리아는 악성 말라리아로 발열이 불규칙하고 임상 증세가 다양하여 오진하기 쉬울 뿐만 아니라, 적기에 말라리아로 진단받고 치료되지 못할 경우 뇌성 말라리아라는 치명적인 결말을 초래할 수 있다. 이에 반해 삼일열원충(plasmodium vivax)에 의한 삼일열 말라리아는 비교적 가벼운 임상 경과를 보인다.

한 환경적, 사회 제도적 요인이 아프리카 내 말라리아 퇴치에 어려움을 가중하는 것은 여러 사례와 연구를 통해 밝혀진 명백한 사실이다. 그러나 이러한 요인들을 비롯하여 또 어떠한 문제가 말라리아의 효과적인 박멸을 저해하고 있는지 다음의 E-2020 아프리카 국가 사례를 통해 심층적으로 살펴보고자 한다.

2. E-2020 선정 아프리카 국가 퇴치 사례

E-2020 국가들은 2020년 이전에 말라리아 퇴치가 가능하다고 예상되는 국가로, 이를 지정하는 기준은 크게 세 가지가 있다. 2000년과 2014년 사이 해당 국가 내 말라리아 발생 사례 동향, 정부가 공표한 말라리아 퇴치 목표, 그리고 말라리아 분야 전문가의 의견이 그 기준이다WHO 20201, 3. 아프리카 지역의 말라리아 상황이 여전히 심각함에도 불구하고, 2016년 세계보건기구가 지정한 21개의 E-2020 국가에는 총 6개의 아프리카 국가가 포함되었다.[5] 이 여섯 국가에는 알제리, 보츠와나, 카보베르데, 코모로, 에스와티니, 그리고 남아프리카공화국이 해당한다. 해당 국가들은 아프리카 내의 다른 국가들과 비교하였을 때 말라리아 박멸 성공에 근접해 있는 것으로 볼 수 있다. 즉, 이러한 E-2020 아프리카 국가들은 이전 연구들에서 밝혀진 기후 환경적 혹은 사회경제적 요인과 같은 아프리카 국가들의 기본적인 어려움에서 벗어나 말라리아 박멸의 잠재성을 가지고 있다는 뜻이기도 하다. 따라서, 해당 국가들의 말라리아 사례를 비교 분석

---

5 21개국에는 다음의 국가들이 포함된다: 알제리, 보츠와나, 카보베르데, 코모로, 에스와티니, 남아프리카공화국, 벨리즈, 코스타리카, 에콰도르, 엘살바도르, 멕시코, 파라과이, 수리남, 이란, 사우디아라비아, 부탄, 네팔, 동티모르, 중국, 말레이시아, 대한민국. E-2020에 지정된 국가들은 세계보건기구의 지원을 받아 2020년 이전까지 0건의 토착 말라리아 사례를 이루기 위해 많은 노력을 해왔으나, 총 21개의 국가 중 8개의 국가만이 소기의 목적을 이룰 수 있었다.

함으로써 말라리아 퇴치에 근접한 아프리카 국가의 경우 어떠한 어려움에 직면해 있는지 효과적으로 살펴볼 수 있다.

표 1 | E-2020 아프리카 국가 연도별 말라리아 발생 건수

국가	2012	2013	2014	2015	2016	2017	2018	2019	2020
알제리	55	8	0	0	0	0	0	0	0
보츠와나	193	456	1,346	284	659	1,847	534	169	864
카보베르데	1	22	26	7	48	423	2	0	0
코모로	49,840	53,156	2,203	1,884	1,467	3,896	15,613	17,599	4,546
에스와티니	409	728	389	318	250	440	686	239	234
남아공	6,621	8,645	11,705	4,959	4,323	23,381	9,540	3,096	4,463

자료: 세계보건기구 E-2020 최종 보고서 2021

2022년을 기준으로 E-2020 내 아프리카 국가 중 유일하게 알제리만이 2019년 세계보건기구로부터 말라리아 청정국 인증을 받은 목표 달성 사례로 꼽힌다. 1973년 모리셔스와 2010년 모로코 이후 아프리카 내 세 번째 말라리아 청정국이 된 것이다. <표 1>에서 나타나듯이 알제리를 제외한 다른 아프리카 국가들은 청정국 목표를 달성하지 못했다. 카보베르데는 2019년과 2020년에 2년 연속 0개의 말라리아 발생 건수를 기록하며 순항하고 있지만, 3년 연속의 기록과 더불어 여러 검증을 거쳐야 하므로 결국 E-2020의 목표는 이루지 못하였다. 또한 남아프리카와 코모로는 여전히 네 자리 혹은 다섯 자릿수의 발생 건수를 기록하며 E-2020 아프리카 국가 중 가장 많은 말라리아 발생이 일어나고 있는 곳으로 꼽힌다. 이처럼 E-2020 아프리카 국가들 사이에서 말라리아 퇴치 목표 달성의 격차가 생기는 것은 해당 국가들의 여러 외부적 그리고 내부적 요인의 차이 때문이라고 할 수 있다. 그러나 앞서 거론된 바와 같이, E-2020 아프리카 국가들은 다른 아프리카 국가들이 기본적으로 겪는 기후 환경적 요인을 넘어

높은 말라리아 퇴치 가능성을 가진 곳들이다. 그렇다면 이러한 요인들을 제외하고 무엇 때문에 E-2020 아프리카 국가 간 말라리아 퇴치 목표 달성에 차이가 생기게 된 것일까.

이와 같은 차이를 효과적으로 분석하기 위하여 본고에서는 E-2020 목표 달성 국가와, 달성에 근접한 국가, 그리고 목표 달성에 어려움을 겪고 있는 국가 각 세 곳을 대표적으로 비교하고자 한다. 우선 E-2020 국가 중 유일한 목표 달성 사례인 알제리의 말라리아 사례를 살펴봄으로써 해당 국가가 어떤 어려움을 어떻게 극복하여 청정국 지위를 얻을 수 있었는지 분석해본다. 다음으로 알제리를 제외하고 여섯 국가 중 유일하게 E-2020 목표 달성에 근접한 카보베르데의 사례를 검토하도록 한다. 상대적으로 낮은 말라리아 발병 사례에도 불구하고 목표를 달성하지 못한 카보베르데를 통하여 어떤 중요한 요인이 어려움으로 남아 있는지 유의미한 결론을 도출해 낼 수 있기 때문이다. 마지막으로 E-2020 목표를 전혀 달성하지 못하고 말라리아 박멸에 많은 고충을 겪고 있는 나머지 네 국가는 보츠와나, 코모로, 에스와티니, 그리고 남아프리카 공화국이다. 그중에서도 코모로와 남아프리카 공화국은 특히 높은 발병률을 보이고 있다. 그러나 코모로는 섬 국가인 만큼, 국경 말라리아 사례를 살피기에 여러 나라와 국경을 맞대고 있는 남아프리카공화국이 효과적이기 때문에 남아프리카 공화국을 분석하도록 한다.

1) E-2020 목표 달성 사례 - 알제리

알제리는 1880년에 프랑스 의사가 최초로 말라리아를 발견한 곳으로, 해당 질병을 향한 국제사회의 싸움이 시작된 장소이기도 하다WHO 2021, 10. 프랑스의 지배하에 시작된 알제리의 초반 말라리아 퇴치는 질병의 매개체인 모기를 제어하는 벡터 제어의 형식에 집중되었다. 모기의 번식지가

될 수 있는 정체수에 배수 시설을 설치하고, 예방을 위한 항말라리아 약물을 대량으로 배급했다. 이와 같은 노력의 결과로 1940년대에 알제리의 말라리아 사례가 급감했지만, 1954년에서 1962년까지 지속된 알제리 전쟁으로 매년 평균 8만 건의 말라리아 사례가 발생하였다WHO 2019. 그러나 1962년 프랑스로부터 독립한 알제리는 세계보건기구와의 협의를 통해 말라리아 박멸 중앙 사무국을 설치하고, 단계별로 나뉜 퇴치 프로그램을 실행하기 시작했다. 이러한 노력을 통해 1968년과 1978년 사이에 알제리에서 열대열원충은 완전히 박멸되었고, 삼일열원충은 98%나 감소했다UCSF Flobal Health Group 2015, 2. 또한 대규모 살충제 스프레이와 항말라리아 약물 사용을 통해 1968년 1만 2,000건에 가까웠던 발병 사례가 30건으로 줄어드는 쾌거를 이루었다.

그러나 1970년대 후반에 시작된 사하라 횡단 고속도로의 개발은 알제리의 남쪽 지방에 말라리아 사례를 다시금 급증시키는 원인이 되었다. 해당 고속도로는 말라리아가 극심한 사하라 사막 이남 국가들을 알제리와 연결하며 인구이동이 용이해진 탓이었다. 이에 더불어 1989년 알제리 정부의 정치체계 재구축으로 인해 변화한 의료 시스템은 두 자릿수로 감소했던 말라리아 사례를 연평균 250건으로 증가시켰다Mangui et al. 2008. 그러던 2009년, 알제리는 불법 이민을 단속하기 위해 모리타니, 튀니지, 니제르 등의 국경 국가들과의 협력을 강화했다Migration Policy Centre 2013. 본래 정치적인 협력이었지만, 국경 지역 감시 강화는 말라리아 유입 또한 효과적으로 통제하며 알제리 내 말라리아 사례를 감소시키는 데 크게 이바지했다. 2014년에는 토착 발병 사례가 0건으로 감소하였으며, 오늘날까지도 이러한 업적을 이어가고 있다.

알제리는 말라리아 청정국으로 인정받기 전에도 역사적으로 말라리아 사례가 적은 나라 중 하나이다. 또한 대부분의 발병 사례가 아프리카

서쪽 국가들로부터 유입되어 온 것으로, 알제리 토착 말라리아는 상대적으로 잘 관리되어 왔다고 볼 수 있다. 세계보건기구에 따르면 알제리의 성공적인 말라리아 박멸에는 몇 가지 중요한 전략들이 있다. 여기에는 말라리아 진단과 치료의 무상 제공, 의료보험 보장 제도를 위한 투자, 의료진 훈련 강화, 발병에 대한 빠른 대응, 그리고 질병 감독 강화가 포함된다 Keyamo-Onyige 2019. 특히 알제리 정부는 가장 외진 곳이더라도 모두에게 의료보험이 보장될 수 있도록 하여 말라리아에 대한 진단과 치료를 무료로 받을 수 있도록 했다 Premium Times 2019. 이와 같은 의료보험 보장은 비단 알제리의 국민뿐만 아닌, 국적과 법적 자격을 막론하고 알제리의 국경 내에 있는 모든 사람에게 해당하는 혜택이었다. 이처럼 의료 시스템에 대한 접근성을 높이는 것은 말라리아 청정국을 향한 길의 필수요소라고 할 수 있다. 더 나아가 알제리의 말라리아 박멸 프로그램은 완전하게 국내 자금으로 운영되는 것으로, 알제리 정부가 말라리아를 종결짓는 것에 얼마나 강한 정치적 책임감을 느끼는지 단편적으로 보여주고 있다 WHO 2021, 10.

일각에서는 알제리를 비롯한 북부 아프리카 국가들은 열대열원충이 아닌 삼일열원충으로 인한 말라리아 발병이 대부분인 곳으로, 열대열원충이 많은 남부 아프리카 국가들보다 말라리아 박멸이 상대적으로 쉽다고 보고한다 WHO UNICEF 2003, 17. 그럼에도 사하라 횡단 고속도로 개발로 인해 국경으로 유입되는 말라리아를 퇴치하기 위한 알제리의 국경 국가와의 협력, 국내 의료체계 강화, 무상 진단과 치료 제공이 효과적인 박멸 효과를 가져온 것은 사실이다. 이와 같이 알제리의 말라리아 박멸 사례는 세계에서 말라리아가 가장 많이 발생하는 국가들과 가깝게 교류하고 있는 국가로서 많은 시사점을 남긴다.

2) E-2020 목표 미달성 사례 - 카보베르데와 남아프리카공화국

카보베르데는 아프리카 서쪽 해안에 위치한 섬들로 구성된 나라로, 1950년대 이전부터 사람이 거주하는 아홉 개의 모든 섬이 말라리아의 영향을 받고 있었다. 인구가 밀집해 있는 지역을 기준으로 정기적으로 심각한 말라리아 확산 사례가 일어나며 매년 평균적으로 1만 5,000건이 발생하곤 했다Pina 2020. 살충제 스프레이 사용과 애벌레의 서식지 차단을 통해 1968년과 1983년 말라리아 박멸에 성공했지만, 차후 벡터 제어와 관련된 과실로 인해 다시금 해당 질병이 발생하는 일이 지속되었다.

2007년에 카보베르데 정부는 남아 있는 토착 말라리아의 전염을 근절하기 위한 목표를 수립하며, 이에 따라 2009년부터 전략적 말라리아 계획을 시작하였다. 해당 계획에는 모든 보건 시설 내 적합한 말라리아 진단 시스템 확보, 감염 환자를 위한 신속하고 효과적인 치료, 그리고 모든 발병 사례에 대한 보고와 검사가 포함되어 있다WHO 2021, 11. 특히, 아프리카 본토에서부터 유입되는 말라리아를 차단하기 위해 여행자와 이민자들 모두에게 무료 진단과 치료를 제공했다. 이와 같은 노력으로 인해 2015년에 카보베르데의 말라리아 전염 사례는 7건으로 대폭 감소하며 다시금 박멸의 희망을 보였다. 그러나 2017년 외부로부터 유입된 말라리아가 크게 전파되며 수도인 프라이아에서 총 423건의 발병 사례를 기록했다. 다행히 세계보건기구의 지원을 받아 신속하고 강력하게 벡터 제어, 사례 탐지, 그리고 치료를 병행하여 다음 해에는 다시 말라리아 사례를 2건으로 줄일 수 있었다WHO 2021, 11. 2019년부터 계속해서 0건의 말라리아 발병 사례를 지속하고 있는 카보베르데는 2021년을 기준으로 비로소 말라리아 청정국 인증에 지원할 자격을 갖췄다. 2020년까지 인증을 받는 E-2020의 목표는 달성하지 못했지만, 이와 같은 기록을 유지한다면 가까운 시일 내에 청정국으로 거듭날 수 있을 것이라 기대되고 있다. 국내의 무료 진단,

치료, 보고 시스템을 통해 효과적으로 말라리아를 통제하다가도 외부에서 유입된 말라리아로 박멸에 어려움을 겪어왔던 만큼, 카보베르데 정부는 현재의 벡터 제어를 계속하며 항구와 공항을 중심으로 말라리아 유입 감시 강화를 주요 정책으로 추진하고 있다.

남아프리카공화국은 카보베르데처럼 E-2020 목표 미달성 국가이지만, 카보베르데와 비교하여 말라리아 발생 사례도 현저하게 많고, 아직 단 한 번도 완전 박멸에 성공하지 못했다. 실제로 남아프리카공화국은 말라리아 사례가 6만 4,622건이었던 2000년에 비해 2016년에 4,323건만이 보고되며 순조롭게 말라리아 퇴치를 이어가고 있었다Health Department: Republic of South Africa 2019. 말라리아 발병도 〈그림 3〉에서 나타나듯이 보츠와나, 짐바브웨, 모잠비크와 접한 콰줄루나탈주, 림포포주, 음푸말랑가주에서만 보고되는 것으로 나타났다. 그러나 2017년에 발병 사례가 2만 3,381건으로 증가한 뒤 2020년에는 4,463건을 기록하며 알제리처럼 말라리아 청정국으로 거듭나는 것에는 실패하였다.

그림 3 | 남아프리카공화국 내 말라리아 위험 지역

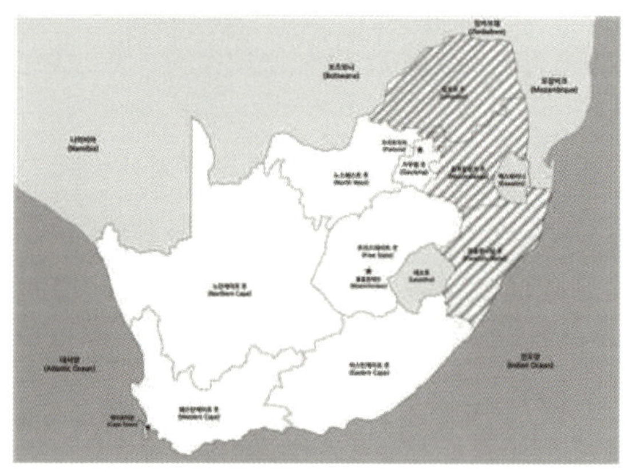

남아프리카공화국은 말라리아가 극심한 사하라 사막 이남의 국가 중

한 곳이지만 나이지리아나 콩고민주공화국에 비하면 말라리아 위협이 그리 높지 않다고 할 수 있다. 정부에서도 말라리아 퇴치를 위해 의료진 훈련을 강화하고, 살충 스프레이를 널리 사용하는 등의 활발한 노력을 하고 있다. 그러나 남아프리카공화국의 가장 큰 문제는 국경을 맞댄 국가들로부터 지속해서 말라리아가 유입된다는 것이다. 〈그림 3〉과 같이 이들 국경은 보츠와나, 짐바브웨, 그리고 모잠비크와 접해 있으며, 이 세 국가와 인접한 주에서 말라리아 발생 사례가 가장 많이 보고된다. 인접 국가로부터 국경을 넘어 들어오는 이주민들이 남아프리카공화국의 토착 말라리아 전파에 부채질하는 것이다. 기록에 따르면 지난 5년간 음푸말랑가주에서 발병한 말라리아의 82%와 콰줄루나탈주에서의 72%가 인근 국가에서부터 유입된 것으로 밝혀졌다Njau et al. 2021. 특히 2017년 콰줄루나탈주 내 말라리아의 70%는 모두 모잠비크에서 이주해 온 인구로 인해 전파되었다. 이에 남아프리카공화국은 세계보건기구의 말라리아 박멸 프로그램에 발맞추기 위해 국경 협력과 감시를 강화했다.

표 2 | E-2020 비교 국가의 말라리아 박멸 주요 변수

주요 변수 \ 국가	알제리	카보베르데	남아프리카공화국
의료 체계	○	○	○
무상 진단과 치료	○	○	×
국내 자금 조달	○	○	○
감시 체계	○	○	○
국경 협력	○	-	×
다중 분야 협력	○	○	○

〈표 2〉는 알제리, 카보베르데, 남아프리카공화국의 말라리아 박멸과 관련한 주요 변수에 대한 대응 여부를 비교한 표이다. 이에 포함된 주

요 변수로는 국내 의료 체계, 무상 진단과 치료, 국내 자금 조달, 감시 체계, 국경 협력, 그리고 다중 분야 협력이 포함되어 있다. 말라리아 퇴치에 성공한 알제리의 경우 여섯가지 변수에 모두 필요한 대응을 하고 있는 것을 알 수 있다. 말라리아 청정국 신분에 가까워져 가는 카보베르데 또한 대응을 잘하고 있는 반면, 섬나라의 특성상 국경을 접한 국가가 없어 국경 협력 변수는 제외되었다. 마지막으로 남아프리카공화국은 아직까지 정부에서 말라리아 무상 진료와 치료 서비스를 공식적으로 제공하지 않고 있다. 또한 주변 국가들과의 협동 프로그램은 존재하나, 효과적인 국경 협력 체계를 구축하지 못해 계속해서 말라리아가 유입되고 있는 상황이다.

알제리와 카보베르데, 남아프리카공화국은 같은 아프리카 대륙에 위치하고 모두 E-2020 국가로 선정되었지만 말라리아와 관련하여 많은 차이가 있다. 말라리아 원충의 종류, 각 나라의 지리적 조건, 그리고 개발의 차이 등으로 인하여 말라리아 발병의 영향과 퇴치 노력이 상이할 수밖에 없다. 그러나 이러한 차이에도 불구하고 세 국가는 모두 순조로운 말라리아 박멸을 이어가던 중 외부 국가로부터 국경을 넘어 유입되는 말라리아로 인해 피해를 입었다는 공통점이 있다. 이러한 공통점은 비단 국경 말라리아 차단의 중요성을 보여줄 뿐 아니라, 말라리아 박멸에 가까울수록 국경 말라리아로 인하여 성공적인 박멸의 여부가 결정된다는 시사점을 남긴다. 즉, 말라리아 퇴치를 위한 국내 모든 사회 기반이 준비된 국가일지라도 국경 말라리아 차단에 실패한다면 말라리아 청정국으로 인정될 수 없다는 것을 보여준다. 더 나아가 국경 말라리아 차단을 위해 각 국가간의 노력도 필요하지만, 국경 지역의 특성을 고려했을 때 국경 주변 국가들과의 협력 또한 필요해 보인다. 성공적인 말라리아 박멸을 위해 국가 내의 의료 체계와 질병 관리도 중요한 만큼 타국에서 유입되는 말라리아 관리를 위한 국경 감시 또한 중요한 전략으로 받아들여져야 한다.

국경 말라리아 대책 방안

1. 국경 감시 강화

위의 아프리카 E-2020 국가 비교 사례를 통해 알 수 있듯이, 국경을 넘어 들어오는 말라리아를 통제하는 것은 벡터 제어나 치료만큼이나 중요한 요소이다. 이처럼 말라리아 퇴치에 중요한 요소인 국경 말라리아에 대한 효과적 방안으로는 가장 먼저 국경 감시 강화가 있다. 말라리아 퇴치를 위한 국경 감시 강화는 해당 국가에 도착한 사람들을 대상으로 검사, 진단, 치료, 그리고 후속 조치를 시행하는 것을 포함한다. 위의 E-2020 아프리카 국가 비교 사례를 통해 알 수 있듯이, 알제리와 카보베르데가 이민자와 여행자를 포함한 자국으로 들어오는 모든 사람에게 제공한 무상 말라리아 진단과 치료는 매우 긍정적인 효과를 가져왔다. 이처럼 국가에 새롭게 들어오는 사람들에게 집단 선별 검사를 시행하는 것은 매우 효과적인 국경 감시 시스템 중 하나이다. 1973년 말라리아 청정국 인증을 받은 모리셔스는 국경 진입 지점에서 지속적해서 말라리아 검사를 실시해 왔다. 이로 인해 아프리카 내 말라리아 발병의 정점을 찍었던 1994년과 2002년에도 말라리아 토착 국가로부터 유입되는 여행자들에도 불구하고 성공적으로 말라리아 청정국의 지위를 유지할 수 있었다Tatarsky et al. 2011. 쿠웨이트 정부는 모든 이민 예정자를 대상으로 입국 이전에 미리 말라리아 검사를 시행하였는데, 이 또한 국경 말라리아의 수를 감소시키는 데 크게 기여했다Iqbal et al. 2003.

그러나 이와 같은 국경 감시가 매우 효과적인 만큼, 해당 방법은 국경

이 엄격하게 통제되는 곳에서만 효과를 발휘할 수 있다. 다양한 국가와 국경을 공유하고 있거나 국경이 외진 지역이라면 밀입국자의 수가 많을 수 있고, 이들을 대상으로는 국경 감시를 시행하기가 어렵기 때문이다. 그렇기에 정부 주도 단체를 설립하거나 민관 협력을 통해 국경 감시 인력을 강화한다면 이러한 문제에 효과적으로 대응할 수 있을 것이다. 남아프리카공화국의 경우, 국제 비정부기구들의 지원을 통해 전파 고위험 지역 위주로 국경 감시를 강화하고 있다. 일례로 'Humana People to People이하 "HPP"'과는 2017년부터 콰줄루나탈주, 림포포주, 그리고 음푸말랑가주 내 국경 감시 단체를 통해 국경 지역의 말라리아 유입 감시를 계속하고 있다National Institute for Communicable Diseases 2021. 또한, 각 국경 단체마다 사례 관리와 감시 활동 능력에 대한 차이가 커 어려움을 겪자 남아프리카공화국 정부는 최근 국내 자금을 이용하여 각 단체를 지역별로 통합하는 방식으로 통일된 시스템을 도입하려고 노력하고 있다Njau et al. 2021. E-2020 아프리카 국가 중 발병 사례가 많은 편에 속하는 남아프리카공화국이지만, 이와 같은 다양한 노력을 통해 발병 사례가 급증했던 2017년 이후 꾸준히 줄어들고 있다. 남아프리카공화국 사례에서 시사하는 바와 같이, 국경 단체 설립과 통일된 사례 관리 방법 도입, 감시 활동 능력 향상을 위한 기본 교육이 겸해진다면 더욱 효과적인 국경 감시가 가능할 것이다.

더불어 효율적인 국경 감시와 신속 정확한 말라리아 진단과 치료를 위해서 해당 지역의 의료 체계 강화는 중요한 요소로 시사된다. 국경 지역의 외진 특성으로 인해 물자 공급이 원활하지 않더라도 관련 의약품과 의료기기의 신속한 보급이 이루어진다면 진단과 치료에 큰 도움이 될 것이다. 또한, 이러한 의약품을 비롯하여 살충제 처리 모기장과 같은 보호 장치를 올바르게 사용할 수 있도록 말라리아에 대한 사회 전반의 지식 고양 필요성 또한 대두된다. 이처럼 다방면의 노력을 통해 국경 감시가 강화되어야만 국경 말라리아의 유입과 전파를 효과적으로 막을 수 있을 것으로 기대된다.

2. 초국경/국제 협력

위와 같이 각 국가의 노력이 필요한 것은 분명하나, 국경 말라리아는 이름 그대로 국경에서 일어나는 만큼 초국경 협력과 국제적인 노력이 필수적인 문제이다. 앞서 이야기된 바와 같이 국경을 공유하고 있는 나라 간 말라리아 박멸에 대한 접근 방식의 차이가 있을수록 국경 말라리아를 해결하기 어려울 수 있으므로, 말라리아 박멸과 의료 시스템, 더 나아가 관련 데이터 수집 방식을 공유할 수 있는 초국경 지역 협력이 필요하다. 실제로 과거 남아프리카공화국과 스와질란드, 그리고 모잠비크가 1999년부터 12년간 'Lubombo Spatial Development Initiative이하 "LSDI"'라는 계획을 시행해 긍정적인 결과를 이끌어낸 전적이 있다. LSDI는 세 국가가 함께 국경 지역의 사회경제적 발전을 위해 시작한 계획으로, 이 중 말라리아 부문은 급증하는 국경 말라리아의 사례를 감소시키는 것을 목표로 하였다Maharaj et al. 2016. 세 국가 모두 협력적으로 살충 스프레이를 통한 벡터 제어를 실행한 결과는 매우 성공적이었다. 모잠비크의 마푸토 지역에서는 1999년부터 2005년까지 말라리아 사례가 70% 감소했고, 남아프리카공화국과 스와질란드에서는 각각 99%, 98% 급감하였다Maharaj et al. 2016. 그러나 2011년 각 국가의 재정적 문제로 인해 이 성공적인 계획이 종료되었고, 그 이후 세 국가의 조직화된 벡터 제어 프로그램의 부재가 계속되면서 국경 말라리아 사례는 다시 급증하게 되었다. 그럼에도 불구하고 실제로 LSDI가 시행되는 동안 성공적으로 이루어진 국경 말라리아 사례 감소는 초국경 협력이 얼마나 효율적인지를 매우 분명하게 보여주고 있다.

현재 전 세계에서 말라리아 박멸을 위한 다양한 국제 협력 프로그램이 진행되고 있다. 아시아·태평양 지역의 15개 말라리아 국가들의 협력체인 'Asia Pacific Malaria Elimination Network이하 "APMEN"', 솔로몬 섬과 바누아투의 협력체인 'Pacific Malaria Initiative이하 "PacMI"', 그리고 말라리아가 가장 심각하게 대두되고 있는 사하라 이남 아프리카 지역 국가들의 협력체인 'Malaria Elimination 8 Regional Initiative이하 "E8"' 등을 통해 많은 나라가 질병 퇴치를 위해 공동으로 노력하고 있다. 특히 E8은 상대적으로 발병률이 높은 국가들이 정보 공유와 집단적인 전략을 통해 남아프리카 전역의 말라리아를 근절하는 데 목표를 두고 있다Malaria Elimination 8 n.d.. 이처럼 국제 협력 체제 내에서 국경을 공유하는 이웃 국가 간의 집중적인 초국경 협력이 더해진다면 좀 더 효율적으로 국경 말라리아를 퇴치할 수 있을 것이라 기대된다.

결론

말라리아가 인류와 오랜 역사를 함께해 온 만큼, 말라리아 박멸은 국제사회가 오랫동안 이룩하기 위해 애쓴 숙제와 같다. 세계보건기구의 전략을 중심으로 많은 국가가 각 지역 토착 말라리아를 완전히 없애려고 여러 노력을 해왔다. 이 노력에는 아르테미시닌과 같은 약물의 발견, 그리고 "말라리아 글로벌 기술 전략GTS"과 같은 더욱 뚜렷한 국제적 지침이 포함되어 있다. 이와 같은 노력으로 2000년과 2020년 사이 총 23개 국가가 토착 말라리아를 퇴치하는 데 성공하였고, 2021년 한 해 동안은 중국과 엘살바도르가 말라리아 청정국 인증을 받는 쾌거를 이루어냈다.

그러나 지속적인 국제사회의 노력과 기술의 진보에도 불구하고 아프리카는 5세 미만 어린이들을 포함한 많은 사람들이 말라리아의 위험에 노출되어 있다. 전체적인 국제 말라리아 발병 사례는 감소했지만, 아프리카는 다른 대륙만큼 효율적인 말라리아 퇴치를 하지 못하고 있는 것이다. 지금까지의 많은 연구가 아프리카의 말라리아 박멸을 저해하고 있는 원인으로 환경적인 문제와 불안정한 사회경제 인프라에 초점을 맞추어왔다. 아프리카의 열대, 아열대 기후 특성이 모기의 번식에 매우 유리하며, 그렇게 번식된 모기들은 열대열원충에 취약하고 인간을 선호한다는 것이다Centers for Disease Control and Prevention 2010. 또한, 아프리카 국가들의 만성적인 의료 인력 부족과 같은 낮은 의료 접근성으로 인해 말라리아 박멸에 어려움이 있다는 주장이 일반적이다Ghani 2018.

하지만 이러한 어려움에도 알제리처럼 말라리아 청정국으로 거듭나는 아프리카 국가들 또한 존재한다. 아프리카의 환경적, 사회적 요인만큼 중요하지만, 지금까지 충분히 주목 받지 못한 요인으로 국경 말라리아가 있다. E-2020에 지정되었으나 성공적으로 청정국이 된 알제리와 그렇지 못한 카보베르데와 남아프리카공화국을 비교해 보았을 때, 국내의 의료 인프라와 예방, 치료법이 중요한 만큼 국경 밖에서 유입되는 말라리아를 관리하고 차단하는 것 또한 매우 중요한 것으로 나타났다. 이에 본 연구에서는 아프리카의 환경적, 사회경제적 특성과 더불어 아프리카 대륙의 지리적 특성인 국가 간의 높은 밀집도로 인한 국경 말라리아에 집중했다. 실제로 말라리아 박멸에 근접한 국가일수록 국경을 넘어 전파되는 말라리아로 인해 피해가 계속되고 주변 국가와 국경을 접한 지역들이 전파 고위험 구역이 된다는 사실은 국경 말라리아가 얼마나 중요한 문제인지를 보여준다. 국경 말라리아는 국경을 넘나드는 유동 인구, 국경 지역 거주 인구, 삼림 환경, 그리고 국가 간 정책 차이로 인해 더욱 악화될 수 있으므로, 각 국가의 내부적 노력을 비롯한 초국경적, 국제적 협력 또한 필수적이라고 할 수 있다. 국경을 넘어서 이동하는 사람들에 대한 보건 및 검역 체계를 강화하고, 인접 국가 간의 보건 협력을 통해서 말라리아 퇴치를 위한 공통의 노력을 기울인다면 더 많은 아프리카 국가가 말라리아 청정국이라는 목표를 달성할 수 있을 것이다.

참고문헌

Anh, N.Q. et al. (2005). "KAP surveys and malaria control in Vietnam: findings and cautions about community research." *Southeast Asian Journal of Tropical Medicine and Public Health* 36: 572-577.

Asan Medical Center. (n.d.). "Disease Encyclopedia - Malaria" http://www.amc.seoul.kr/asan/healthinfo/disease/diseaseDetail.do?contentId=31745 (Searching date: 2021.7.25.)

BBC. (2016). "What are the world's deadliest animals?" https://www.bbc.com/news/world-36320744 (Searching date: 2021.7.25.)

Bennett, A. and Smith, J. (2018). "Malaria Elimination: Lessons from El Salvador." *American Journal of Tropical Medicine and Hygiene* 99(1): 1-2.

Centers for Disease Control and Prevention. (2010). About Malaria-Biology. *https://www.cdc.gov/malaria/about/biology/#tabs-1-5* (Searching date: 2021.7.26.)

Chaveepojnkamjorn, W. and Pichainarong, N. (2004). "Malaria infection among the migrant population along the Thai-Myanmar border area." *Southeast Asian Journal of Tropical Medicine and Public Health* 35: 48-52.

Clements, A. et al. (2009). "Space-time Variation of Malaria Incidence in Yunnan Province, China" *Malaria Journal* 8: 180

Erhart, A. et al. (2005). "Epidemiology of forest malaria in central Vietnam: a large scale cross-sectional survey." *Malaria Journal* 4: 58.

Ghani, Azra. (2018). "Can Improving Access to Care Help to Eliminate Malaria?" *The Lancet* 391(10133): 1870-1871.

Health Department: Republic of South Africa. (2019). Malaria Elimination Strategic Plan for South Africa 2019-2023. p.7

Hiwat, H., Hardjopawiro, L., Takken, W. and Villegas, L. (2012). "Novel strategies lead to preelimination of malaria in previously high-risk areas in Suriname, South America." *Malaria Journal* 11: 10.

Iqbal, J., Hira, P.R., Al-Ali, F. and Sher, A. (2003). "Imported malaria in Kuwait." *Journal of Travel Med.* 10: 324-329.

Keyamo-Onyige Ochuko. (2019). Algeria Declared Malaria-Free: Lessons Learned from Algeria Malaria Elimination. GBC Health. https://gbchealth.org/algeria-declared-malaria-free-lessons-learned-from-algeria-malaria-elimination/ (Searching date: 2021.8.11.)

Konradsen, F. et al. (2003). "Strong association between house characteristics and malaria vectors in Sri Lanka." *American Journal of Tropical Medicine and Hygiene* 68: 177-181.

Liao, Fulong. (2009). "Discovery of Artemisinin (Qinghaosu)." *Molecules* 14(12): 5362-5366.

Maharaj, R. et al. (2016). "Sustaining Control: Lessons from the Lubombo Spatial Development Initiative in Southern Africa." *Malaria Journal* 15: 1-9.

Malaria Elimination 8. About Us. https://malariaelimination8.org/who-we-are/about-us (Searching Date: 2022.3.21.).

Mangui, S., Carnevale, P. and Mouchet, J. (2008). *Biodiversity of Malaria in the World*. John Libbey Eurotext.

Migration Policy Centre. (2013). Migration Facts-Algeria. www.migrationpolicycentre.eu/docs/fact_sheets/Factsheet%20Algeria.pdf (Searching date: 2021.8.12.)

Miller, L. and Su, X. (2011). "Artemisinin: Discovery from the Chinese Herbal Garden." *Cell* 146(6): 855-858.

Najera, J., Gonzalez-Silva, M. and Alonso, P. (2011). "Some Lessons for the Future from the Global Malaria Eradication Programme (1955-1969)." *PLoS Med* 8(1): 2-11.

National Institute for Communicable Diseases. (2021). "The Seven Steps South Africa is Taking to Get It Closer to Eliminating Malaria." https://www.nicd.ac.za/the-seven-steps-south-africa-is-taking-to-get-it-closer-to-eliminating-malaria/ (Searching date: 2022.09.25.)

Njau, J. and Silal, S. (2021). "Investment Case for Malaria Elimination in South Africa: a Financing Model for Resource Mobilization to Accelerate Regional Malaria Elimination." *Malaria Journal* 344(2021): 1-16.

Olson, S.H., Gangnon, R., Silveira, G.A. and Patz, J.A. (2010). "Deforestation and malaria in Mancio Lima County, Brazil." *Emerging Infectious Diseases* 16: 1108-1115.

Park, Sunmee. (2021). "The Efforts and Limitations of the International Community to Fight Malaria" *Journal of the Korean Association of Regional Geographers* 27(4): 458-474.

Pichainarong, N. and Chaveepojnkamjorn, W. (2004). "Malaria infection and life-style factors among hilltribes along the Thai-Myanmar border area, northern Thailand." *Southeast Asian Journal Public Health* 35: 834-839.

Pina, Adilson. (2020). "Introducing Target Malaria Cabo Verde." Target Malaria: A Vector Control Research Alliance. https://targetmalaria.org/introducing-target-malaria-cabo-verde/ (Searching date: 2021.10.16.)

Premium Times. (2019). "Interview: How Universal HealthCoverage led to Algeria being Malaria-Free-WHO Representative." https://www.premiumtimesng.com/features-and-interviews/331154-interview-how-universal-health-coverage-led-to-algeria-being-malaria-free-who-representative.html (Searching date: 2021.8.11.)

Reid, H. et al. (2010). "Baseline spatial distribution of malaria prior to an elimination programme in Vanuatu." *Malaria Journal* 9: 150.

Tatarsky, A. et al. (2011). "Preventing the reintroduction of malaria in Mauritius: a programmatic and financial assessment." *PLoS One* 6, e23832.

UCSF Global Health Group. (2015). Eliminating Malaria in Algeria. Country Briefing. p.2

Wangdi, K. et al. (2022). "Cross-Border Malaria Drivers and Risk Factors on the Brazil-Venezuela Border Between 2016 and 2018."*Scientific Reports*. 12(1): 6058.

Wangdi, K., Gatton, M., Kelly, G. and Clements, A. (2015). "Cross-Border Malaria: A Major Obstacle for Malaria Elimination." *Advances in Parasitology* 89: 80-99.

WHO UNICEF. (2003). *The Africa Malaria Report*. World Health Organization. p.17

WHO. "Global Malaria Programme: Malaria elimination certification process." https://www.who.int/teams/global-malaria-programme/elimination/certification-process (Searching date: 2021.10.6.)

WHO. (2018). "Evidence Review Group on Border Malaria." Malaria Policy Advisory Committee Meeting. World Health Organization.

WHO. (2019). "Algeria and Argentina certified malaria-free by WHO." https://www.who.int/news/item/22-05-2019-algeria-and-argentina-certified-malaria-free-by-who (Searching date: 2021.8.10.)

WHO. (2020). *World Malaria Report 2020*. World Health Organization p.53.

WHO. (2021). "Becoming malaria free by 2020: China is hosting the third E-202 global forum of malaria-eliminating countries from 18-20 June, with a focus on eliminating malaria among populations at risk." *https://www.who.int/news-room/feature-stories/detail/becoming-malaria-free-by-2020* (Searching date: 2021.10.6.)

WHO. (2021). "El Salvador certified as malaria-free by WHO." *https://www.who.int/news/item/25-02-2021-el-salvador-certified-as-malaria-free-by-who* (Searching date: 2021.8.6.)

WHO. (2021). "From 30 million cases to zero: China is certified malaria-free by

WHO." *https://www.who.int/news/item/30-06-2021-from-30-million-cases-to-zero-china-is-certified-malaria-free-by-who* (Searching date: 2021.8.6.)

WHO. (2021). "Malaria - Key Facts." *https://www.who.int/news-room/fact-sheets/detail/malaria* (Searching date: 2021.7.25.)

WHO. (2021). *World Malaria Report 2021*. World Health Organization. p.26

WHO. (2021). *Zeroing in on Malaria Elimination: Final Report of the E-2020 Initiative*. World Health Organization. p.10

Xu, J. et al. (2021). "Intensive Surveillance, Rapid Response and Border Collaboration for Malaria Elimination: China Yunnan's "3+1" Strategy." *Malaria Journal* 20(1): 1-9.

Yeom, Joon Sup. (2009). "Diagnosis and Treatment of Vivax Malaria" *Journal of the Korean Association of Internal Medicine* 77(1): 52-54.

• 박도연

박도연은 서울대학교 국제대학원에서 국제학 석사 학위를 취득하였으며, 현재 같은 대학 박사과정에 재학 중이다. 주요 관심 분야는 국제통상정책 및 통상분쟁이다.

(연락처: dypark1215@snu.ac.kr)

• 송지연

송지연은 하버드 대학에서 정치학 박사학위를 취득하였으며, 현재 서울대학교 국제대학원에서 교수로 재직하고 있다. 주된 관심 분야는 비교정치경제, 국제개발협력이다.

(연락처: jiyeoun.song@snu.ac.kr)

4장 이해관계자 참여 프레임워크 적용을 통한 산림복원 프로젝트에 관한 연구
: 중남미국가 분석을 중심으로*

황준아**, 송지연***

서론

산림은 기후 변화에 대응하는 가장 중요한 해결책 중 하나이다. 산림은 공기 중 탄소를 흡수하고 저장하는데, 이는 기후 변화의 주된 원인 중 하나인 이산화탄소 CO_2를 제거하는 역할을 한다. 2000년 이후 매년 산림은 대기에서 평균 약 20억 톤의 탄소를 제거한 것으로 추정된다Harris et al., 2021. 산림의 '탄소흡수원 기능carbon sink function'은 이산화탄소가 대기 중에 축적되는 속도를 줄임으로써 기후변화 완화에 기여한다. 따라서, 산림 관리는 미래의 기후변화에 대응하는 데 중요하다. 하지만 인구 증가와 채굴, 벌목, 기업농·목축업 등 인간의 행위로 인해 산림이 파괴되고 있다. 유엔식

* 본 연구는 서울대학교 국제대학원 4단계 BK21 교육연구단『국제지역과 개발의 다학제적 연구를 통한 교재개발』의 지원을 받아 수행되었으며,「국제지역연구」제27권 제4호(2023)에 게재된 논문을 수정·보완한 것입니다.

** 서울대학교 국제대학원 석사과정, 제1저자

*** 서울대학교 국제대학원 교수, 교신저자

량농업기구는 1990년부터 2020년 사이에 약 4억 2,000만 헥타르의 산림이 파괴되었다고 발표했다FAO, 2020a. 이에 대응하여, 산림 인증forest certification, 환경서비스 직불제payments for ecosystem services, 산림 기반 기후변화 완화 메커니즘REDD+ 등의 맥락에서 산림복원에 관한 관심이 증가하고 있다Kanowski et al., 2011; Thompson et al., 2011. 이 중에서도 산림복원의 일환으로 REDD+Reducing Emissions from Deforestation and Forest Degradation Plus 메커니즘이 주목받고 있는데, 인도네시아 발리에서 열린 유엔기후변화협약United Nations Framework Convention on Climate Change; UNFCCC 당사국총회에서 처음 도입된 이후, REDD+는 글로벌 기후변화 완화 전략의 선두 주자로서 인정받으며 국가별 산림복원에 박차를 가하고 있다Andoh et al., 2018.[1] 본 연구는 REDD+ 메커니즘의 적용을 통해 산림복원에서 긍정적인 결과를 이룬 중남미 지역의 브라질, 아르헨티나, 칠레, 코스타리카의 REDD+ 국가 전략에 있어 이해관계자의 참여 동향을 체계적으로 분석하고 평가하고자 한다. 다수의 국가가 REDD+ 국가 전략을 마련하고 해당 메커니즘을 활용하여 산림복원 프로젝트를 전개하고 있음에도 불구하고, 결과 기반 지급result based payments; RBP 승인을 받은 국가는 한정적이다. 특히 RBP를 획득한 여덟 국가 중 중남미 국가가 여섯을 차지하며, 이 중 네 국가는 유엔기후변화협약 당사국총회에서 합의된 칸쿤합의문의 이행 과정에서 이해관계자의 적극적인 참여를 강조하였다. 위의 네 국가의 REDD+ 전략에서 이해관계자 참여의 방식을 분석하여, 그 효과와 의의를 평가하려 한다.

이전의 다양한 연구들이 REDD+ 국가 전략의 성과와 한계에 집중하였으나, 이해관계자와 프로젝트 간의 상호작용에 대한 상세한 국가별 사례

1 REDD+ 메커니즘은 개발도상국의 산림 전용, 산림 황폐화로부터 탄소 배출 감축 및 산림 탄소축적 보존, 지속 가능한 산림 경영, 조림과 산림복원을 통한 산림 탄소축적 증진을 의미한다.

연구는 부족한 실정이다. REDD+ 국가 전략 문서를 제출한 다수 국가에서는 이해관계자의 식별 작업이 진행되었으나, 그들의 참여 방식에 관한 연구는 드물다. 더욱이, 이해관계자 참여에 관한 보고는 다양하게 존재하지만, 이를 기반으로 한 체계적인 평가는 미흡한 상황이다. 따라서, 중남미 국가들의 REDD+ 국가 전략에서 이해관계자 참여 방식을 분석하고 평가하여, REDD+ 프로젝트를 추진하는 다른 국가들에 중요한 정책적 시사점을 제공하려 한다.

본 논문은 다음과 같이 구성되어 있다. 제 II 절에서는 REDD+ 국가 전략에서의 이해관계자의 중요성과 이론적 틀을 소개하고자 한다. 기존 이해관계자 이론과 이해관계자 참여 프레임워크를 살펴본 다음, 본 연구를 위해 재구성된 이해관계자 참여 프레임워크를 소개하겠다. 제 III 절에서는 연구 방법과 함께 중남미의 네 국가를 선정한 이유를 밝히겠다. 제 IV 절에서는 재구성된 이해관계자 참여 프레임워크를 적용하여 네 국가의 REDD+에서의 이해관계자 참여 방식을 분석하고 평가하겠다. 제 V절, 결론에서는 네 국가의 REDD+ 국가 전략에서의 이해관계자의 참여 방식을 평가하고 비교적 맥락에서 시사점을 제시하고자 한다.

이론적 배경

이 장에서는 REDD+ 메커니즘과 이해관계자에 대한 정의 및 둘의 관계를 명시하겠다. 이러한 논의에 기반하여 산림복원 프로젝트에 있어 이해관계자의 중요한 역할을 분석하며, 이를 위해 이해관계자 이론과 이해관계자 참여 프레임워크를 도입하겠다.

1. REDD+ 국가 전략과 이해관계자

1) REDD+ 국가 전략

유엔기후변화협약의 당사국들은 기후 변화완화의 하나로 개발도상국에서의 산지 전용 및 산림 황폐화 방지를 통한 탄소 배출량을 줄이기 위한 접근법인 REDD+를 개발하였다. 이는 개발도상국에서 산림 탄소 저장량의 보존과 강화, 산림의 지속 가능한 관리 및 산림 파괴로 인한 탄소 배출량을 감소시키는 활동을 이끌기 위해 유엔기후변화협약 총회에서 만들어진 프레임워크이다. REDD+는 개발도상국의 산림 전용, 산림 황폐화로부터 탄소 배출 감축REDD 및 산림 탄소축적 보존, 지속 가능한 산림경영, 조림과 산림복원을 통한 산림 탄소축적 증진을 의미한다석현덕 et al., 2010. REDD+는 기존 REDD 메커니즘에서 확장된 개념인데, REDD는 개발도상국의 산림 전용 및 산림 황폐화 방지를 통해 온실가스 배출량 감축을 시도하는 방법이다. REDD+에서 '+'는 기존 REDD 메커니즘의 범위에서 '보존'과 '강화' 개념이 포함됨을 의미하는데, 배출량 감축에서 나아가 산림의 지속 가능한 관리와 산림 탄소 재고의 보전 및 증진을 말한다.

유엔기후변화협약 제11차 당사국총회에서 REDD 관련 논의가 처음으로 이루어졌고 이후 당사국총회에서 REDD에서 REDD+로 개념 확장이 이루어졌다. 특히, 유엔기후협약 제14차 당사국총회에서 REDD의 활동 범위가 넓어져 산림 전용 및 산림 황폐화 방지REDD 뿐만 아니라 산림 탄소축적 보존, 지속 가능한 산림 경영, 조림과 산림복원을 통한 산림 탄소축적 증진 부문에 대해서도 재정적 보상이 이루어질 수 있음이 논의되었다. 제15차 당사국총회에서 REDD+ 메커니즘 즉각 설치를 통해 REDD+에 대한 긍정적 유인책을 제공할 필요성에 관해 합의했다. 제16차 당사국총회에서는 REDD+ 관련한 정책적 접근 방식과 RBP 관련 논의가 이루어졌으며, 제20차 당사국총회에서는 녹색기후기금의 재정 동원이 합의되었다석현덕 et al., 2010. 이렇듯, 제11차 당사국총회를 시작으로 제21차 당사국총회까지 산림복원에서의 REDD+ 메커니즘이 의제에 언급되거나 합의 내용의 하나의 결정문으로 명시되어 있다.

REDD+ 참여국들은 RBP를 승인받기 위해서 REDD+ 국가 전략 NationalStrategy; 이하 NRS 또는 행동 계획을 수립해야 한다. REDD+ 국가 전략에는 '산림 전용 및 산림 황폐화의 원인, 토지 소유권 문제, 산림 거버넌스, 젠더 고려 사항, 세이프가드 정보 시스템Safeguard Information System; SIS의 설계', 총 다섯 가지 내용이 포함되어야 한다. REDD+ 국가 전략 또는 행동계획을 요구하는 이유는 국가 수준에서 토지 이용 및 산림 황폐화와 관련된 정부의 의지를 기반으로 한 계획을 세우고 이행된 경우에야 REDD+ 활동의 지속성을 보장할 수 있기 때문이다. 즉, REDD+의 지속 가능성을 위함이다. REDD+ 프로젝트는 총 세 가지 단계로 이루어져 있는데, 이는 준비readiness 단계, 이행implementation 단계, 결과 기반 지급payments for results 단계이다. REDD+ 프로젝트의 초기 단계인 '준비 단계'는 해당 프로젝트의 기본적인 틀을 설정하는 중요한 과정으로 간주된다. 이 단계에서 참여국들은 국가별 상황과 우선순위를 고려하여 REDD+ 국가 전략과 자금 제안서funding proposal를 작성한다. 자금 제안서는 국가가 REDD+ 메커니즘을 효과적으로 이행하는 데 필요한 주요 프로세스, 시스템, 이해관계자 협의 및 역량강화 활동을 개괄적으로 설명하며, NRS는 구체적인 전략 및 개입과 함께 REDD+ 달성을 위한 비전과 목표를 정의한다. 그러나 RBP를 지급받기 위한 바르샤바 프레임워크 항목 중 하나로 NRS를 제출한 국가는 소수에 불과하며, NRS를 제출하고 RBP 승인을 받은 국가들은 REDD+의 이행 단계로 나아가고 있다. 현재까지 NRS를 제출한 국가는 총 29개국에 이르며, 이 중에서는 RBP 승인을 통해 '이행' 단계로 전환된 국가가 8개국이다. 이에는 브라질, 아르헨티나, 칠레, 그리고 코스타리카가 포함되어 있다.

REDD+의 의의는 크게 세 가지 차원에서 논의되고 있다. 먼저, 효율성 차원이다. REDD+ 도입 전 기후변화와 관련해서 이루어지는 산림 활동은 크게 두 가지로 나뉘었다. '신규 조림afforestation'은 최소한 과거 50년 이상 산림 이외의 용도로 이용해 온 토지에 식재, 파종, 인위적인 천연 갱신 유도 등을 통해 새로이 산림을 조성하는 활동을 말한다.[2] 재조림은 본래 산림이었지만 50년 미만의 기간에 산림 이외의 용도로 전환되어 이용해 온 토지에 인위적인 식재, 파종, 인위적 천연 갱신 유도 등을 통해 다시 산림을 조성하는 활동을 말한다.[3] 기존의 산림복원 프로젝트는 신규 조림과 재조림 활동을 중심으로 이루어졌지만, 둘의 경우 높은 투자비용과 많은 시간이 들어간다는 점을 고려할 때, 산림의 양이 일정하게 유지되거나 기존의 추세와 비교해 덜 줄어들도록 관리하는 새로운 방안의 필요성이 제기되었다김성진, 2019. 이러한 점에 착안하여 REDD+ 프레임워크가 산림관리 및 탄소흡수원 향상을 촉진하는 수단으로 비용 효율적이면서, 개도국의 지속 가능한 발전에 도움이 되는 등 시너지 효과가 큰 감축 수단으로 평가받고 있다. 두 번째 차원은 REDD+가 국제적으로 통용되는 메커니즘이라는 점이다. REDD+는 유엔기후변화협약에 따른 국제 프레임워크 내에서 운영되며 글로벌 기후 협상 및 협약 내에서 공식적으로 인정받은 프레임워크이다. 세 번째 차원은 이해관계자의 참여에 큰 강조점을 두는 점이다. 세 번째 차원에 관해서는 '2) REDD+ 국가 전략에서의 이해관계자의 중요성'에서 다루겠다. 이러한 논의에 기반하여, 본 논문에서는 중남미에서 진행되는 산림 관련 프로젝트 중 REDD+ 메커니즘을 적용한 산림복원 프로젝트를 분석할 것이다.

---

2 산림청, "탄소흡수원 유지 및 증진에 관한 법률" 제2조 2항.

3 산림청, "탄소흡수원 유지 및 증진에 관한 법률" 제2조 3항.

2) REDD+ 국가 전략에서의 이해관계자의 중요성

REDD+ 국가 전략에서 이해관계자의 중요성에 관한 논의는 계속해서 언급되었다. FAO에 따르면 REDD+ 국가 전략이 성공적으로 이루어지려면 적극적인 이해관계자 참여가 필수적이며, 지역사회는 REDD+에 완전히 참여하고, 프로젝트에 기여하고, 관련 혜택을 받아야 하며 REDD+ 국가 전략을 수립 및 시행할 때 산림, 토지 이용 및 토지 이용 변화에 영향을 미치는 일련의 결정 과정에서 관계된 이해관계자가 필수적으로 참여해야 한다고 지적한다. 이외 이전의 연구에서도 REDD+ 국가 전략이 이해관계자의 참여를 우선순위에 두어야 한다고 말한다Williams, 2013. 이처럼 이해관계자 참여의 중요성은 꾸준히 제기되었지만, 제16차 당사국총회이하 COP16를 기점으로 REDD+ 프로젝트에서의 이해관계자 참여가 하나의 '의무' 사항으로서 받아들여지기 시작했다.

COP16에서 합의된 '칸쿤합의문'은 감축 결과물을 계산하고, 이에 대한 결과 기반 보상을 받기 위한 네 가지 이행 기반 구축의 필요성에 대한 합의가 이루어졌다장은혜, 2022). 그 내용은 Ⅰ)국가 전략 또는 행동 계획의 수립 Ⅱ)산림 기준선Forest Reference Level, FRL의 설정 Ⅲ)국가산림모니터링시스템National Forest Monitoring System, NFMS의 구축 Ⅳ)세이프가드 정보 시스템Safeguard Information System, SIS의 설계이다. 이 네 가지 이행 기반 중 이해관계자의 중요성이 명시된 것은 세이프가드와 연결되어 있다. 세이프가드 정보 시스템은 'REDD+ 이행 전반에 걸쳐 어떻게 안전장치가 다루어지고 준수되는지에 관한 정보를 제공하는 시스템'으로 REDD+ 참여국들은 국가보고서 등의 채널을 활용하여 안전장치가 어떻게 다루어지고 준수되고 있는지에 관한 요약 정보를 제출해야 한다윤평화, 2015.

세이프가드 정보 시스템은 이해관계자 참여를 포함한 7개의 요소로 세분되는데, 〈표 1〉을 통해 관련 조항과 상세 내용을 알 수 있다.

표 1 | 칸쿤합의문의 세이프가드 내용 상세 설명

	SIS 관련 조항	비고 (해당 조항 상세 내용 정리)
세이프가드 (Safeguard)	결정문 1/CP.16 결정문 12/CP.17 결정문 12/CP.19 결정문 12/CP.19	(1) 해당 조치는 국가 산림 프로젝트 및 관련 국제 협약 목표에 부합함. (2) 해당 국가 법률과 주권을 고려한 투명하고 효과적인 국유림 거버넌스 구조의 구축. (3) 원주민과 지역공동체 구성원의 지식과 권리의 존중. (4) 이해관계자의 완전하고 효과적인 참여. (5) 생태계 서비스의 보호 및 보전을 장려하고 원주민과 지역공동체의 이익 보호 장려. (6) 역전 위험(risk reversal)에 대한 대처. (7) 탄소 배출량 감소를 위한 행동.

출처: 저자 작성[4]

세이프가드 관련 조항 중 〈표 1〉의 (3), (4), (5) 항목을 중심으로 이해관계자 참여와의 연관성을 분석하고자 한다. 이 항목들은 원주민 및 지역공동체 구성원의 지식과 권리 존중, 이해관계자의 철저한 참여, 그리고 생태계 서비스의 보호 및 원주민 이익 중심의 보호 활동 장려를 포함한다. 이를 바탕으로 NRS와 관련 공식 문서들의 분석을 통해 해당 항목들에 대응하는 내용을 세밀하게 검토하고자 한다.

2. 이해관계자 이론Stakeholder Theory과 이해관계자 참여 프레임워크Stakeholder Engagement Framework

칸쿤합의문의 세이프가드를 이행하는 조건으로 REDD+ 참여국들은 이해관계자의 완전하고 효과적인 참여를 보장하고 있다. 이는 산림복원 프로젝트에서 이해당사자들의 '중추적 역할'을 강조한다. 칸쿤합의문에 따라 REDD+ 참여국들은 이해관계자의 완전하고 효과적인 참여를 보장

4 〈표 1〉은 United Nations Framework Convention on Climate Change, REDD+ Web Platform, Lima REDD+ Information Hub. 내용을 참고한 것임을 밝힌다.

해야 한다. 현재 국가보고서에는 해당 내용이 '보고' 형태로 포함되어 있지만, 실제 이행 여부에 대한 평가 기준은 명확하지 않다. 따라서 본 연구에서는 이해관계자 이론 및 참여 프레임워크를 바탕으로 REDD+ 국가 전략을 제출한 국가들의 이해관계자 참여 방식을 분석하며, 그 결과를 통해 다른 국가들에 대한 정책적 권고를 도출하고자 한다.

이해관계자 이론stakeholder theory이란 기업firm 지배구조에 이해관계자에 대해 고려를 추가하자는 논의에서 시작되었다. 이해관계자 이론에서 기업의 의미는 다수 구성원 또는 이해관계자를 위한 부나 기타 이익을 창출할 목적으로 생산을 위한 자원 동원에 관여하는 조직을 말한다Post et al., 2002. 사회적 책임을 강조하는 접근법으로서 다양한 이해관계자들의 이익을 고려하며 기업들은 사회적 책임을 다한다는 태도를 보인다는 관점이다 McGuire et al., 2003. 이해관계자 이론에서 '이해관계자'라는 용어는 1963년 스탠퍼드 연구소Standford Research Institute: SRI에서 학문적으로 논의되기 시작했는데, 이때 이해관계자는 지지 없이 조직이 더는 존속할 수 없는 집단으로 정의되었다Freeman, 1984. 초기 이해관계자 정의의 핵심은 '존속survival'이었으며 기업이 존속하기 위해 의존하는 관계자로서 정의가 내려진다. 이후, 프리먼 R. Edward Freeman은 자신의 저서에서 '전략경영strategic management'이라는 개념을 소개하며 기존의 이해관계자 개념을 '존속'에서 '상호 영향'으로 그 의미를 확대하였다. 전략경영에서 이해관계자란 '조직의 목적에 영향을 부여하였거나 혹은 조직 목적의 달성으로 영향을 받는 개인 또는 집단'으로 정의된다Freeman, 1984. 이는 단순히 '존속'의 의미로 한정되는 것이 아닌 기업이 목표를 달성하는 데 영향을 미치는 대상을 범위에 포함해 '상호 영향'의 관점에서 범위가 설정됨을 알 수 있다Freeman et al., 2001. 이러한 논의에 기반하여 프리먼이 강조한 것은 결국 이해관계자가 기업이 장기적인 관점에서 생존할 수 있도록 역할을 한다는 점이다.

프리먼은 이해관계자 관리 프레임워크stakeholder management framework를 고안했다. '이해관계자 관리'는 조직이 특정 이해관계자와의 관계를 행동 지향적인action-oriented 방식으로 관리해야 할 필요성을 의미한다. 이해관계자가 조직의 목적 달성에 영향을 미칠 수 있거나 영향을 받는 그룹 또는 개인으로 정의되기에 조직의 전략적 관리 역량 강화를 위한 프로세스와 기법의 필요성을 제기했다Freeman, 1984. 프리먼은 총 세 가지 단계를 설명하며 이해관계자 관리 프레임워크를 소개했다. 첫 번째 단계는 합리적 수준rational level으로 조직의 이해관계자를 식별하는 단계이다. 이해관계자 지도stakeholder map를 통해 기업에서의 이해관계자를 식별하는 과정을 먼저 거쳐야 한다. 두 번째 단계는 프로세스 수준process level으로 기업이 이해관계자 간의 관계를 관리하는 방법을 이해하는 단계로, '표준 운영 절차', '업무 수행 방식' 등 운영 프로세스를 살펴보는 단계이다. 마지막 단계는 거래 수준transactional level이다. 기업과 이해관계자의 관계성을 분석하는 단계로 둘의 상호작용을 알아보는 단계이다. 이는 세 단계 중 가장 중요한 단계로 기업과 이해관계자의 관계를 총체적으로 파악하는 단계라고 볼 수 있다.

이해관계자 관리 모델은 이해관계자 참여 모델로 그 의미와 범위가 확장된다. 이해관계자 참여는 프로젝트 수명 주기 동안 이뤄지는 포괄적인 과정으로, 프로젝트의 성공적인 관리에 중요한 역할을 한다. 이해관계자 참여에 관한 연구는 관계 상호작용 과정을 정의하고 탐구하는 이해관계자 문헌에서 주요한 주제로 다루어지고 있다. 현재 세계은행World Bank과 각종 기업에서 '이해관계자 관리 모델'보다는 '이해관계자 참여 모델'의 어휘를 사용한다. 기본 속성은 같으나 이해관계자 참여 모델이 의사 결정 프로세스 및 프로젝트 활동에 이해관계자의 적극적인 참여를 중점으로 한다는 점에서 차이가 있다. 나아가, 이해관계자 '관리'는 이해관계자를 '수동적'인 존재로 보는 느낌을 주지만 이해관계자 '참여'는 비교적으로 '능동적'인 느낌을 주는 등 어감의 차이가 있다. 이러한 이유로 본 논문에서는 이해관계자 '관리' 모델 대신 이해관계자 '참여' 모델을 사용하겠다.

REDD+ 프로젝트를 보는 데 있어서 이해관계자 이론의 중요성은 산림복원 프로젝트에서의 이해관계자의 중요성으로 귀결된다. 국가가 REDD+ 사업을 기획 및 시행하는 데 있어 이해관계자의 완전하고 효과적인 참여는 필수적이다. 이해관계자의 참여는 그들의 다양한 관점을 단순히 통합하는 것에 그치지 않고, REDD+사업이 계속하여 변형되고, 유지되고, 지속하기 위함이다. 더불어, 이해관계자 이론은 REDD+ 프로젝트의 이해관계자를 식별하고 분석하는 데 중요한 기준을 제공한다. 전략경영의 관점에서 볼 때, 이해관계자는 그들의 행동과 의사 결정으로 기업의 장기적인 성공에 큰 영향을 미치는 주체로 인식된다. 이와 유사하게, 본 연구의 맥락에서 이해관계자는 각 국가 REDD+ 프로젝트의 성공과 실패, 그리고 프로젝트의 전반적인 방향성에 결정적인 영향을 미치는 주체로 파악된다. 이에 따라 프리먼의 이해관계자 정의를 REDD+ 프로젝트 맥락에 맞게 해석하면, 이해관계자는 '산림복원 프로젝트의 방향과 목표 달성에 결정적인 영향을 주거나 받는 모든 주체'로 정의될 수 있다.

이해관계자 이론 외에 프로젝트에서 지역공동체 등과 같은 이해관계자의 중요성을 강조하는 다양한 틀과 이론이 있다. 그중 '지역사회 기반 천연자원 관리'Community-based Natural Resource Management; CBNRM는 지역 내 자원 사용과 관리에 지역공동체의 참여를 강조하는 주요 접근법이다. 또한, '사회 생태계 시스템 이론'Social-Ecological Systems; SES은 사회와 생태 시스템 간의 상호작용을 중심으로 한다. 그러나 본 연구의 목적과 규모를 고려할 때, 이 두 틀은 적절하지 않다고 판단되었다. 이는 '지역사회 기반 천연자원 관리' 이론이 복잡한 자원 관리 프로세스의 전반적인 접근 방식을 제시하기보다는 지역공동체 참여의 중요성을 강조하는 한정적인 접근법으로 볼 수 있기 때문이다. 또한, '사회 생태계 시스템' 이론은 본 연구의 규모와 목적과 비교했을 때 넓은 범위를 다루며, 거버넌스 구조나 경제적 동인 같은 매크로 수준의 요인을 중점적으로 다루기 때문에 적절하지 않다고 판단하였다. 따라서, 본 연구에서는 이해관계자 이론과 이로부터 파생된 이해관계자 참여 프레임워크를 통하여 네 국가의 산림복원 프로젝트에서 이해관계자의 참여 방식에 대해 살펴보겠다.

3. 이해관계자 이론Stakeholder Theory과 이해관계자 참여 프레임워크Stakeholder Engagement Framework의 재구성

브라질, 아르헨티나, 칠레, 코스타리카의 REDD+ 국가 전략에 명시된 이해관계자의 참여 방식을 분석하고 평가하기 위해서 기존 이해관계자 참여 프레임워크Stakeholder Engagement Framework; SEF를 재구성하였다. <표 2>에서 프리먼이 소개한 이해관계자 관리 프레임워크와 이해관계자 참여 프레임워크의 단계별 프로세스를 비교했다. 이해관계자 관리 프레임워크는 총 세 단계를 통해 이루어지는데, 이는 합리적 수준, 프로세스 수준, 거래 수준으로 불린다. 이해관계자 참여 프레임워크 또한 유사하게 이해관계자 확인, 분석, 참여의 세 단계로 이루어진다. 두 모델 모두 초기 두 단계는 이해관계자를 확인하는 단계이고 마지막 단계는 이해관계자 참여 방식을 확인하는 단계이다. 다만, 이 둘은 두 번째 단계에서 차이를 보이는데, 이해관계자 관리 프레임워크의 프로세스 수준이 기업이 이해관계자 간의 관계를 확인하는 단계인 반면, 이해관계자 참여 프레임워크의 이해관계자 분석 단계는 첫 단계에서 확인된 이해관계자들을 기업과의 관계에 따라 재분류하는 단계이다.

표 2 | SMF 대 SEF

단계	R-SEF 단계 명칭	이해관계자 관리 모델 (SMF)	이해관계자 참여 모델 (SEF)
1단계	이해관계자 확인 (Stakeholder Identification)	합리적 수준 (the rational level)	이해관계자 확인 (stakeholder identification)
2단계		프로세스 수준 (the process level)	이해관계자 분석 (stakeholder analysis)
3단계	이해관계자 참여 방식 확인 (Stakeholder engagement)	거래 수준 (the transactional level)	이해관계자 참여/포함 (stakeholder inclusion)
*단계	이해관계자 참여 방식 '평가' (Stakeholder Engagement Evaluation)		

출처: 저자 작성

본 연구에서 재구성된 REDD+-SEF이하 R-SEF는 세 가지 차원에서 REDD+ 프로젝트에서의 이해관계자 참여를 조명한다. 'R-SEF'는 'REDD+ - Stakeholder Engagement Framework'의 약어로, 본 연구에서 제안하는 새로운 용어로서 REDD+ 프로젝트에 특화된 이해관계자 참여 프레임워크를 지칭한다. 첫째, 이해관계자 확인 단계, 둘째, 이해관계자 참여 방식 확인 단계, 셋째, 이해관계자 참여 방식 평가 단계이다. 첫 번째 차원은 이해관계자 참여에 관련된 '관계적 요소'를 이해하기 위함이다. 프리먼이 이해관계자 확인을 위해 사용한 이해관계자 지도stakeholder map를 활용하겠다. 이해관계자 지도는 특정 프로젝트에 관련된 다양한 이해관계자를 분석하고 이해하는 데 사용되는 시각적 도구이다. <그림 1>에서 알 수 있듯이 기존 이론은 기업과 약 11가지의 이해관계자stakeholder와의 관계성을 보았지만, R-SEF에서는 기업의 자리를 REDD+ 프로젝트로 대체하고 관련 이해관계자들을 정부 기관, 비정부기구 및 학술 분야 종사자, 여성 단체, 소규모 토지 소유자, 중소규모 및 대규모 토지 소유자, 원주민 공동체 등 각 국가의 공식 문서인 NRS와 기타 관련 문서에서 확인된 주요 이해관계자들을 포함하였다. 이는 앞서 언급한 REDD+ 프로젝트 맥락에서의 이해관계자 의미를 적용한 것이다.

그림 1 | R. Edward Freeman (1984) 기존 이해관계자 지도

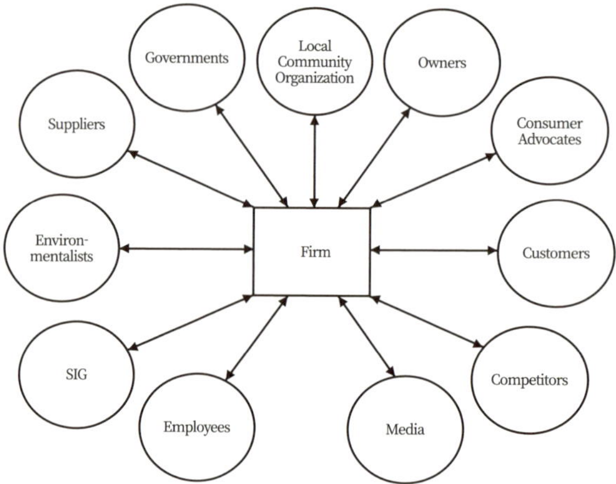

출처: R. Edward Freeman (2010).

두 번째 차원은 이해관계자 참여 방식 확인 단계이다. 국가별로 산림복원 프로젝트를 시행할 때 이해관계자의 참여를 어떠한 방식으로 유도하는지 보고자 한다. 이는 산림복원 프로젝트에서의 이해관계자의 역할을 이해하기 위함이다.

마지막으로 고려해야 할 단계는 기존 SEF에는 포함되지 않았던 이해관계자의 참여 방식을 '평가'하는 것이다. 첫 번째와 두 번째 차원에서 도출된 결론을 바탕으로 통합적 분석을 하고자 한다. 이는 이해관계자 가치 창출에 대한 이해를 향상하는 방법이자 이해관계자 참여를 개선하는 방법으로 참여 연구의 한 부분이다. 이를 위해 평가 기준을 따로 마련하였다. <표 3>의 다섯 가지 기준은 국제 공공 참여 협회International Association for Public Participation; IAP2 스펙트럼을 활용하여 다양한 수준에서의 참여 방식에 관해 지침을 제공한다. 이해관계자 참여의 맥락에서, 의사 결정 프로세스에서 다양한 수준의 이해관계자 참여 전략이 설명될 수 있다. 초기 단계에서는 이해관계자에게 일방적으로 정보를 전달하여 이해관계자가 당면

한 문제를 파악할 수 있도록 하는 '정보 제공'을 의미한다. 다음 단계인 '의견 수렴'은 의사 결정 과정에서 이해관계자의 의견을 구하고 고려하는 '쌍방향 의사소통'을 반영한다. 이어서 '참여' 단계는 더 깊은 수준의 참여를 의미하며, 이해관계자가 토론에 참여하여 의사 결정 형성에 기여한다. 한 단계 더 나아가 '협업'은 이해관계자와 의사결정권자가 공동의 노력을 기울이고 해결책을 수립하는 데 공동 책임을 지는 단계이다. 공동 프로젝트를 구축하고, 이해관계자가 포함된 이니셔티브의 구축이 이루어지며, REDD+ 국가 전략과 이해관계자 간 파트너십이 명시된다. 마지막으로 '권한 부여'는 가장 높은 수준의 참여로, 이해관계자가 실질적인 의사 결정 권한을 보유하여 이니셔티브를 지시하고 추진할 수 있는 능력을 부여하는 단계이다. 단순히 이해관계자가 이니셔티브에 포함되는 것을 넘어서 REDD+ 이행 거버넌스 구조에 통합시킨다. 이 프레임워크는 수동적인 정보 수신자에서 능동적인 의사 결정의 공동 창조자로의 진화를 강조하며, 궁극적으로 이해관계자 간의 주인의식과 책임감을 촉진한다.

표 3 | 참여 방식 평가 기준 세부 설명

	① 안내/정보 제공 (Inform)	②의견수렴 (Consult)	③참여 (Involve)	④협업 (Collaborate)	⑤권한 부여 (Empower)
참여 방식	▷ 팩트 시트 (fact sheet) 및 웹사이트를 통한 공지 ▷ 게시판 게시 ▷ 연례 보고서 ▷ 콘퍼런스	▷ 설문조사 ▷ 포커스 그룹 (focus group)의 형성 ▷ 일대일 미팅 ▷ 공개 미팅 및 워크숍 ▷ 온라인 피드백 및 토론	▷ 다중 이해관계자 포럼 ▷ 자문 패널 ▷ 자문위원회 ▷ 참여형 의사 결정	▷ 참조 그룹 (reference group) ▷ 공동 프로젝트 ▷ 다중 이해관계자 이니셔티브 구축 ▷ 파트너십 구축	▷ 이해관계자를 거버넌스 구조에 통합 (특정 위원회의 위원 또는 주주로서)

출처: 저자 작성[5]

5 〈표 3〉은 국제 공공 참여 협회(International Association for Public Participation; IAP2) 스펙트럼

〈표 3〉의 각 단계에 해당하는 참여 방식에 관해 상세히 설명하자면, 첫 단계, '정보 제공'은 이해관계자에게 REDD+ 프로젝트 관련한 중요 정보를 제공하는 것으로, 팩트 시트, 웹사이트 공지, 게시판 게시, 연례 보고서 발간, 콘퍼런스 개최 등의 창구를 통해 정보를 전달한다. 두 번째 단계인 '의견 수렴'은 이해관계자들의 의견을 듣고 고려하는 것으로, 설문조사, 포커스 그룹의 형성, 일대일 미팅, 공개 미팅 및 워크숍, 피드백 및 토론 진행 등을 통하여 이해관계자의 의견을 수렴하는 단계이다. 세 번째 단계인 '참여'는 이해관계자가 의사 결정 과정에 참여하는 것으로, 자문 패널, 자문위원회 등에 직접 참여한다. 네 번째 단계인 '협업' 단계는 이해관계자들과 함께 '작업'하는 것으로 참조 그룹의 형성, 공동 프로젝트에 포함, 이해관계자 이니셔티브 구축, 파트너십 구축 등을 통해 프로젝트 자체에서의 협업을 의미한다. 마지막 단계인 '권한 부여'는 이해관계자들에게 직접적인 결정권을 부여하는 것으로 이해관계자를 거버넌스 구조에 통합하는 것을 의미한다.

〈그림 2〉는 AA1000 AccountAbility의 Stakeholder Engagement Standard를 기반으로 한 참여 방식 평가척도를 나타낸다. 추후 국가별 분석에서 각 기준에 해당하는 참여 방식 내용에 해당하는지를 볼 것이다. 본 분석에서 사용되는 평가척도의 각 단계는 다음과 같이 정의한다 : '정보 제공(B-①),' '의견수렴'(B-②),' '참여(C-③),' '협업(C-④),' '권한 부여(C-⑤).'

의 내용을 참고한 것임을 밝힌다.

그림 2 | 이해관계자 평가척도

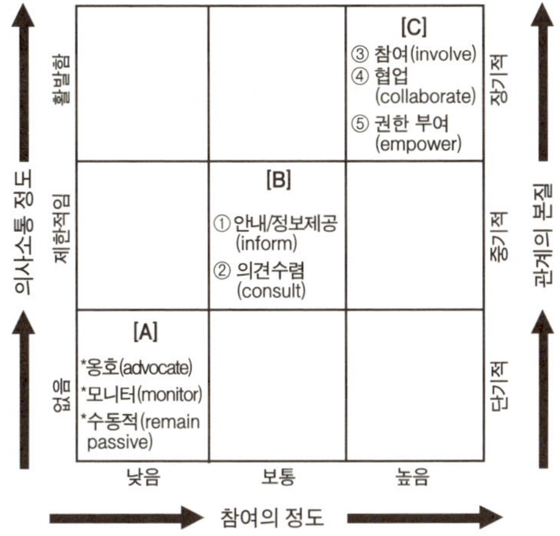

출처: 저자 작성[6]

분석 국가 선정

본 연구는 이해관계자 참여 프레임워크를 기반으로 각 국가의 REDD+ 프로젝트에서 이해관계자 참여 방식을 평가하려 한다. 주된 연구 방식은 REDD+ 메커니즘을 통한 국가별 산림복원 프로젝트에서의 이해관계자 참여 분석이다. 〈표 4〉에서는 분석 대상인 국가와 해당 국가의 REDD+ 전략 개요를 제시한다. 중남미 국가, 특히 브라질, 아르헨티나, 칠레, 코스타리카 등 네 국가를 대상으로 한 배경과 선택 이유를 제시하겠다.

중남미는 이해관계자가 산림복원 사업에 미치는 영향에 관해 연구할 때 중요하다. 중남미의 지역적 중요성을 크게 두 가지로 정리할 수 있다.

---

6 〈그림 2〉는 AccountAbility (2015) 내용을 참고한 것임을 밝힌다.

먼저, 독특한 문화적 정체성과 전통적 지식으로 널리 알려진 많은 원주민이 거주하고 있기에 지역공동체가 산림복원 사업에 어떻게 상호작용하고 영향을 미치는지를 이해하는 데 유익하다. 또한, 중남미는 전 세계 산림 분야에서 지대한 중요성을 지니고 있어 중남미에서의 경험과 결과를 조망함으로써 지역공동체, 국가 및 자원 관리 사이의 복잡한 상호작용을 이해할 수 있다. 하지만, 산림 면적이 51.3%에서 48.2%로 감소하는 등FAO, 2018 중남미의 산림 면적은 위기를 맞고 있으며, 지속적인 산림 벌채와 황폐화는 산림에 의존하는 지역사회, 원주민, 농촌 빈곤층의 생계와 식량 안보에 심각히 부정적인 영향을 미치고 있다. 따라서, 중남미의 REDD+ 국가 전략을 분석하여 지속 가능한 개발을 달성할 수 있는 전략을 개발, 실행, 평가하는 것이 매우 중요한 실정이다. 이러한 중요성을 감안하여, 본 연구에서는 중남미국가들의 REDD+ 국가 전략을 중심으로 깊이 있는 분석을 수행하고자 한다.

분석 국가는 ⅰ) REDD+ 국가 전략을 제출한 국가 ⅱ) 칸쿤 세이프가드 의무 사항을 제출한 국가 ⅲ) RBP 지급 승인을 받은 국가여야 한다. ⅰ)에 해당하는 국가는 총 29개국[7], ⅰ)과 ⅱ)에 해당하는 국가는 총 14개국[8], 그리고 이 중 ⅲ)에 해당하는 국가는 아르헨티나, 브라질, 칠레, 콜롬비아, 코스타리카, 에콰도르, 가봉, 인도네시아 등 총 8개국이다. 현재, 아르헨티나, 브라질, 칠레, 코스타리카, 콜롬비아, 에콰도르, 캄보디아, 인도네시아가 감축 결과를 승인받은 상태이다. 이 중 본고에서는 중남미 국

7 아르헨티나, 벨리즈, 브라질, 부르키나파소, 캄보디아, 중앙아프리카공화국, 칠레, 콜롬비아, 코스타리카, 에콰도르, 가봉, 가나, 과테말라, 온두라스, 인도, 인도네시아, 라오스인민민주공화국, 라이베리아, 말레이시아, 멕시코, 몽골, 모잠비크, 파키스탄, 파나마, 파푸아뉴기니, 파라과이, 수단, 수리남, 베트남

8 아르헨티나, 벨리즈, 브라질, 캄보디아, 칠레, 콜롬비아, 코스타리카, 에콰도르, 가봉, 가나, 과테말라, 온두라스, 인도, 인도네시아

가를 중점으로 살펴보겠다. 위 8개국 중 6개국이 중남미에 속하며, 이 중 RBP 지급 주체에게 REDD+ 프로젝트 규모가 '중규모' 이상으로 분류된 국가들을 살펴보겠다.[9] REDD+ 프로젝트는 각 국가에서의 진행 상황에 따라 GCFGreen Climate Fund에 의해 다양한 규모로 분류된다. 이 분류는 예상되는 프로젝트 비용을 기준으로 한다. '마이크로' 분류는 예상 프로젝트 비용이 최대 1,000만 미화인 경우, '소규모' 분류는 프로젝트 비용이 1,000만~5,000만 달러인 경우에 해당한다. 한편, '중규모' 분류는 50만~250만 달러의 예상 비용을 가진 프로젝트를 의미하며, '대규모' 분류는 프로젝트 비용이 250만 달러 이상인 경우로 정의된다. 6개국 중 브라질, 아르헨티나, 칠레, 코스타리카의 REDD+ 프로젝트 규모가 '중규모'로 분류되었으며, 콜롬비아와 에콰도르는 '소규모'로 분류되었다. 본 연구에서는 비교분석을 원활히 수행하기 위해 프로젝트의 규모가 같은 국가들을 선정하였다.

표 4 | 중남미 4개국의 REDD+ 전략 개요

국가	REDD+ 시행 연도 (RBP 인정 연도)	RBP 지급받은 CO_2 수량 (tons of CO_2 equivalent; tCO_2eq)	RBP 지급 주체	REDD+ 국가별 전략 명칭
브라질	2014~2015	25,093,262.55	GCF	ENREDD+
아르헨티나	2014~2016	18,731,707	GCF	PANByCC (National Action Plan on Forests and Climate Change)
칠레	2014~2016	18,409,425	GCF	ENCCRV (Strategy on Climate Change and Vegetation Resources)
코스타리카	2014~2015	10,559,833	GCF	PES scheme

출처: 저자 작성[10]

9 아르헨티나, 브라질, 칠레, 콜롬비아, 코스타리카, 에콰도르

10 <표 4>은 United Nations Framework Convention on Climate Change, REDD+ Web Platform, Lima REDD+ Information Hub. 내용을 참고한 것임을 밝힌다.

이를 위해 GCF가 주체인 국가들을 중심으로 선택한 이유는 여러 가지가 있다. 첫째, GCF는 REDD+ 프로젝트 지원을 위한 국제화한 기금 풀을 제공하는 세계적인 기후금융 기구이다. 이는 GCF가 다양한 국가와 지역에서 산림복원을 포함한 기후 관련 프로젝트를 진행하고, 이를 위한 자금을 제공하는 임무를 수행한다는 것을 의미한다. 둘째, GCF는 REDD+ 프로젝트를 통해 이해관계자의 참여와 경제적 이익 제공에 큰 중점을 둔다. GCF는 산림 보전과 복원을 통해 지역 경제의 발전과 생계 다각화를 촉진하고, 사회적으로 지속 가능한 변화를 이끌어내는 데 주력하고 있다. 이는 지역공동체가 REDD+ 프로젝트에 직접 참여하고 이로부터 경제적 이익을 얻도록 함으로써 산림 보전의 장기적인 성공을 도모한다는 점에서 매우 중요하다. 또한, GCF와 비교하여 'CAFI', 'Programa REM Colombia - Visión Amazonía', '노르웨이 정부', '독일 정부'와 같은 다른 주체들은 자체적인 목표와 파트너십을 가지고 특정한 지역 또는 국가의 REDD+ 프로젝트에 투자하고 있다. 하지만 GCF는 그 넓은 범위와 다양한 파트너 네트워크를 통해 통합적이고 지속 가능한 방식으로 REDD+ 프로젝트를 지원하는 데 강점이 있다. 마지막으로, 선정된 네 개 국가 모두 공통으로 GCF에 RBP 승인을 받았다.

R-SEF 적용을 통한 국가별 분석

'R-SEF' 프레임워크를 기반으로 중남미, 네 국가브라질, 아르헨티나, 칠레, 코스타리카에서의 REDD+ 프로젝트 내 이해관계자 참여 방식을 분석 및 평가한다. 국가별 공식 문서와 REDD+ 국가 전략을 기반으로 이해관계자의 확인 및 참여 방식을 분석하였다.

1. 이해관계자 확인 Stakeholder Identification

이해관계자의 확인 절차는 이해관계자 지도화 방법을 통해 수행하였는데, 중남미 4개국 REDD+ 프로젝트의 주요 이해관계자들을 제시한다. <표 5>는 네 국가의 이해관계자를 개괄적으로 보여준다.

표 5 | 확인된 이해관계자 표

분류/국가명	브라질	아르헨티나	칠레	코스타리카
확인된 이해 관계자	· 원주민 공동체 · 지역공동체 및 가족농업 · 민간부문 · 주 정부 · 연방 정부 · NGO · 대학 · 풀뿌리 운동 단체	· 환경 당국 · 축산 및 농업 당국 (농축수산부) · 원주민과 지역 공동체 · 여성 단체 · 토지 소유자 (소, 중·대규모) · NGO · 학계	· 원주민 공동체 · 여성 단체 · 환경 당국 · 민간부문 (대규모토지소유자) · 중소규모 토지 소유자 · 정당 및 지방정부 대표 · 무역 노동조합 · 컨설턴트 및 지도원 · 관련 정부 기관 · NGO · 학계	· 원주민 공동체 · 여성 단체 · NGO · 학계 · 대규모토지소유자 · 소규모토지소유자 · 정부 기관 · 국립산림금융기구
관련공공기관	GCF, UNDP	GCF, FAO	GCF, FAO	GCF, UNDP

출처: 저자 작성

1) 브라질

이해관계자 지도를 통한 분석에서, 브라질의 국가 전략 명칭인 ENREDD+가 중심에 위치하며, 해당 전략의 이해관계자는 브라질이 GCF에 제출한 기금 제안서를 기반으로 확인되었다. ENREDD+는 브라질의 NRS National REDD+ Strategy 명칭으로, 불법 삼림 벌채 제거, 산림생태계 보전 및 회복, 그리고 저탄소 지속 가능한 경제의 성장을 통해 경제적, 사회적, 환경적 이익을 창출하며 기후변화 완화에 기여하는 전략을 의미한다MMA, 2018. 이 전략을 실행하기 위해 브라질은 NRS에 총 세 가지 세부 목표를 설

정하였다: i) REDD+의 공공 정책 모니터링 및 영향 평가 강화와 유엔기후변화협약의 사회적, 환경적 안전장치 준수 강화 ii) 국가 기후 변화 계획 및 생물 군계 삼림 벌채 방지 행동계획 관리 통합으로 정책 일관성 및 시너지 증진 iii) 2020년까지 브라질 생물 군계의 온실가스 배출 완화를 위한 국가의 자발적 노력과 국제 자원 동원 기여이다UNDP, 2019.

브라질의 이해관계자 확인 과정은 주로 워크숍 형태의 이해관계자 참여 방식을 통해 이루어졌다. 분석 결과, 총 8가지 주요 이해관계자 그룹이 도출되었으며, 이에는 주 정부, 연방 정부, 원주민, 지역공동체 및 가족농업 종사자, 대학, 민간부문, 풀뿌리 운동 단체, 그리고 NGO가 포함되었다.

2) 아르헨티나

이해관계자 지도 분석에서 아르헨티나의 국가 전략 명칭인 산림 및 기후변화에 대한 국가 행동 계획이하 PANByCC을 중심에 두었다. 해당 지도의 나머지 부분은 NRS와 기금 제안서에서 명시된 이해관계자들로 구성되었다. PANByCC는 아르헨티나 자체적으로 시행하는 산림 및 기후변화에 관한 국가 행동 계획의 스페인어 약어이다. 2014년에서 2016년 결과 기간의 아르헨티나 REDD+ 국가 전략은 자체 산림 규제 프레임워크와 지속가능한 개발 목표 및 계획에 부합한다[11]FAO, 2020b. 아르헨티나 REDD+ 국가 전략은 PANByCC의 이행을 지원하는 것을 목표로 하며, REDD+ 전략은 삼림 벌채 및 산림 황폐화로 인한 탄소 배출량을 줄이고 산림 탄소 재고 증진에 기여하는 데 주목적을 두고 있다FAO, 2020b. 이 프로젝트는 유엔기후변화협약에 따라 정부가 온실가스 감축 목표에서 발표한 공약 달성에 이바지할 뿐만 아니라 생물다양성협약 관련 공약 등 기타 국내 및 국제 공

11 기금 제안서의 부록인 환경 및 사회 관리 프레임워크 (ESMF)의 내용을 바탕으로 작성함.

약에도 이바지하기 위해 고안되었다. 즉, PANByCC는 REDD+ 국가 전략과 관련된 계획, 정책 및 조치를 포함하는 포괄적인 전략으로 정부 기관, 지역사회, 원주민, 환경 단체 등을 포함한 다양한 이해관계자가 참여한다.

기금 제안서의 부록인 환경 및 사회 관리 프레임워크Environmental and Social Management Framework; 이하 ESMF 문서에 따르면 총 8가지 이해관계자가 확인되었다. 첫 번째 이해관계자는 환경 당국Environmental Authorities이다. 국가 차원에서의 환경 당국은 바로 환경과 지속 가능한 개발부Ministry of Environment and Sustainable Development; 이하 MAyDS이다. 두 번째는 축산 및 농업 당국 단체이다. 이는 축산 및 농업 부문 정책을 안내 및 지원하는 공공기관을 의미하며, 대표적으로 농축수산부Ministry of Agriculture, Livestock and Fisheries가 있다. 세 번째는 원주민과 지역공동체이다. 이 분류에는 원주민 대표뿐만 아니라 산림에 거주하며 의존하는 소규모 농부 및 기타 지역공동체가 포함된다. 여기서, 아르헨티나의 경우 산림법 및 REDD+ 국가 전략 목적상 지역공동체의 법적 지위는 원주민 공동체의 정의와 유사하다FAO, 2020c. ESMF에 제시된 지역공동체의 다른 개념어인 농민 공동체와 가족농업은 토지 소유자에 포함되며, 크리올 공동체는 원주민 공동체에 포함된다. 여기서 원주민의 범위는 정복 또는 식민화 시기에 국내 영토에 거주하던 민족의 후손으로서 스스로 식민 민족의 자손으로 인정하는 가족 그룹을 의미한다FAO, 2020c. 네 번째는 소규모 토지 소유자나 생산자이다. 생계를 위해 산림 등의 자연 생태계에서 소규모 생계형 농업 또는 축산 활동을 하는 토지 소유자 또는 거주자를 포함한다. 다섯 번째는 중소규모 또는 대규모 농업 생산자이다. 농업 활동을 중 또는 대규모로 하는 사람들을 포함한다. 여섯 번째는 여성 단체 및 조직이다. 이 분류 기준에는 지역, 지방, 국가 단위의 여성 단체를 포함한다. 마지막으로, 비정부기구 및 학술 분야의 종사자이다. 프로젝트 시행을 지원하거나 조언할 수 있는 조직 또는 기관이며, 학술 분야에는 대학, 연구기관 등의 기관들을 포함한다.

3) 칠레

칠레는 REDD+ 국가 전략을 수립할 당시 이해관계자 매핑Stakeholder Mapping을 통해 이해관계자를 명확히 구분했다. 이를 통해 확인된 이해관계자들을 바탕으로 비슷한 관심사, 비전, 관습을 가진 사회의 특정 부문에 속하는 행위자들을 한데 모으는 포커스 그룹이 형성되었다. 포커스 그룹에 속하는 행위자들을 이해관계자로 보았다.

재구성된 이해관계자 지도에서 칠레의 국가 전략 명칭인 국가 기후변화와 식생 자원 전략이하 ENCCRV을 가운데에 두었다. ENCCRV는 칠레의 기후 변화 및 식생 자원에 관한 국가 전략이다. 칠레의 토착 식생 자원 분야의 공공 정책 수단으로, 기후변화 완화와 적응에 기여하며 사막화, 토지 황폐화, 그리고 가뭄 등의 환경 문제에 대처하기 위해 국가가 취해야 할 전략적 활동과 조처를 하는 역할을 한다FAO, 2019. 칠레의 국가 전략은 농림축산식품부Ministry of Agriculture와 그 산하에 있는 칠레임업연구소와 국가임업청이하 CONAF에서 주도한다. 농림축산식품부는 칠레의 농업 또는 임업 활동을 보좌하고 해당 산업에 대해 지침을 제공하는 국가 기관이며, CONAF는 산림 환경법 입법 및 관리, 식생 자원 보호 및 야생 지대 보호를 위한 국가 시스템을 통한 생물 다양성 보존을 통해 원시림, 건생 식물 및 조림의 지속 가능한 관리의 임무를 한다FAO, 2019. 특히 CONAF는 법과 규제를 활용하여 칠레의 산림 통제의 중요한 역할을 한다.

ENCCRV 수립 단계에서 국가의 산림 자원 관리와 직간접적으로 연결된 이해관계자의 분석 중요성 또한 명시되어 있다. 칠레는 일차적으로 이해관계자 매핑을 거쳐 프로젝트 시행 지역에 속한 주요 행위자를 분석하였고, 이를 기반으로 이차적으로 비슷한 관심사, 비전, 관습을 가진 특정 사회 부문에 속한 행위자들을 모아 포커스 그룹을 구성했는데, ESMF 문서에서 포커스 그룹은 11개 그룹으로 분류됐다. 학계는 식생 자원과 관련된 분야 및 학문의 대표를 의미하며, 대학과 기술 전문 교육 센터 등을 포함한다. 두 번째는 무역 노동조합이다. 임업, 농업 또는 식생 자원과 관련된 무역 대표를 의미한다. 세 번째는 컨설턴트 및 지도원이다. 산림 소유자, 산림 기업 또는 기술 지원 및 역량 강화 서비스를 제공하는 전문가 등을 포함한다. 네 번째는 정부 기관으로, CONAF와 같은 식생 자원의 관리 또는 행정과 관련된 공공기관을 말한다. 다섯 번째는 원주민 여성으로, 해당 지역에 존재하는 원주민 집단에 속하는 여성을 말한다. 여섯 번째는 원주민으로, 프로젝트 지역에 거주하는 원주민 커뮤니티 대표를 말한다. 일곱 번째는 비정부기구로, 산림과 직간접적으로 관련된 활동을 하는 기구를 말한다. 여덟 번째는 여성 그룹으로, 여성 권익과 성 주류화를 위해 활동하는 그룹을 포함한다. 여기서 여성 공동체는 주로 콜라족Colla과 디아구이타족Diaguita을 의미한다. 콜라족은 칠레 북부 아타카마 지역에 거주하며 합법적으로 인정받은 토착민으로 영토가 80만 헥타르 이상에 걸쳐 있지만, 칠레 정부가 약 9,000헥타르의 땅에 콜라 칭호를 부여하는 과정 등을 통해 칠레에서 소수민족으로 불린다. 디아구이타족은 칠레 노르테 치코와 아르헨티나 북서부에서 온 남미 원주민 그룹이다.[12] 아홉 번째는 중소 토지 소유자이다. 산림 및 농지 소유자 등의 특정 재산 소유자를 말한다. 열 번째는 정당 및 지방정부 대표이다. 마지막 열한 번째는 민간부문으로, 기업 대표 및 산림 및 농촌 토지 소유자로 대규모 토지 소유자로 분류되는 자를 말한다.

12 Chile Precolombino, "NATIVE PEOPLES"에서 참고하였음을 밝힌다.

4) 코스타리카

코스타리카 산림복원 프로젝트에서의 이해관계자를 분석하려면 REDD+ 국가 전략인 환경서비스에 대한 직접 지불제를 이행하는 과정에서 타겟층을 보아야 한다. 환경서비스에 대한 직접 지불제Payments for Environmental Services: PES는 숲과 생물 다양성, 주민 삶의 질을 유지하는 토지 이용 및 산림 관리 활동을 채택하였을 때 생산하는 환경서비스에 대해 대가를 받는 제도로, 본래 중소규모의 개별 농가와 목재 생산자들과 협약을 체결함으로써 추진되었다민경택, 2006. 다만, 코스타리카 내 원주민에 대한 법적 근거와 권리 보장 매체가 강화됨에 따라 원주민 또한 PES의 주 대상으로서 포함되었다. 따라서 본 연구에서는 PES에 명시된 주 이해관계자를 확인했다.

이해관계자 지도 가운데에 있는 PES는 삼림 벌채를 해결하고 지속 가능한 토지 이용 장려를 위한 전략의 일환으로 개발되었다. 공식 문서에 따르면 코스타리카는 2013년 프로젝트 전에 계획, 실행 및 모니터링에 참여해야 하는 모든 그룹을 식별하는 단계를 이해관계자 매핑을 통해 거쳤다UNDP, 2020. GCF에 제출된 공식 문서 부록으로 제출된 REDD+ 전략과 연계된 이해관계자 데이터베이스에 명시된 이해관계자를 바탕으로 8가지의 이해관계자로 분류하였다. 8가지 이해관계자는 비정부기구와 학계, 주 정부 농업 센터와 같은 정부 기관, 원주민, 여성 단체, 소농 중심의 가족 농업체제인 캄페시노스Campesinos라 분류된 토지 소유자, 대규모 토지 소유자, PES의 관리와 운영을 맡은 국립산림금융기금이하 FONAFIFO이다.

2. 이해관계자 참여 방식 확인 Stakeholder Engagement Identification

다음은 각국의 이해관계자 참여 방식 확인 단계이다. 세이프가드 기준에 따른 <표 1>의 (3), (4), (5) 항목을 중심으로 분석을 진행하였다.

보고서에서 도출된 참여 방식에 따라 〈표 3〉의 평가 기준을 적용하여 해당 단계를 파악하였다. 이해관계자 참여 방식을 보고 〈그림 2〉의 평가척도에 따라 '정보 제공B-①', '의견수렴B-②', '참여C-③', '협업C-④', '권한 부여C-⑤'로 국가별 해당 단계를 언급하겠다. 각 국가의 보고서에서 도출된 참여 방식에 따라 〈그림 2〉의 평가 기준을 적용하여 해당 단계를 파악하였다. 국가별로 해당 단계를 언급하면서 위의 평가척도를 기반으로 설명하겠다.

1) 브라질

브라질 REDD+ 프로젝트의 이해관계자를 분석할 때 원주민의 중요성을 간과할 수 없다. 브라질 아마존 지역에는 약 45만 명의 원주민이 거주하며, 브라질 원주민 인구의 60%를 차지한다UNDP, 2019. 브라질 원주민은 1억 1,500만 헥타르에 걸쳐 400개가 넘는 원주민 토지에 거주하며, 이는 브라질 원주민 토지의 98% 이상과 아마존 지역의 5분의 1 이상을 차지한다UNDP, 2019. 따라서, 브라질의 REDD+ 활동에서는 전체 확인된 이해관계자 중에서도 원주민의 참여와 권리 존중이 중요한 요소로 간주되며, 이에 기반하여 생물 다양성 보전과 지속 가능한 산림 관리가 강조된다.

브라질의 이해관계자 참여 방식 중 가장 눈에 띄는 점은 이해관계자가 대표로 포함된 위원회의 결성과 이니셔티브의 구축이다. 먼저, 브라질은 별도로 국가 차원의 세이프가드 시스템SISREDD+을 구축하였는데, 그 과정에서 이해관계자가 포함된 'CCT-세이프가드' 자문위원회를 결성하였다. REDD+ 프로젝트에서는 토착민, 전통 민족과 공동체, 전통 및 가족 농가의 지식과 권리를 존중하며, 이들의 참여를 촉진하는 것이 중요한 목표이다UNDP, 2019. 이를 위해 CCT-세이프가드 자문위원회 등 다양한 기구와 협력하여 이해관계자의 의견을 수렴하고 REDD+ 프로젝트 시행 시 사전 동의 및 공동 관리를 강화하고 있다.

다음으로, 브라질은 유산 및 영토 관리를 위한 전통 지식의 중요성을 인식하고 있으며, 관련 법규와 정책을 통해 이를 보호하려는 노력을 기울이고 있다. 아마존 원주민 토지 및 환경보호 법률과 전국 전통 민족과 공동체 협의회는 원주민의 토지 및 자원 관리에 대한 참여와 권리를 강조하며, 이들의 삶의 질 향상과 사회문화적 자율성 존중을 목표로 한다UNDP, 2019. 이와 더불어 브라질은 REDD+ 프로젝트를 통해 지식재산권과 전통 지식의 보호에도 주목하는 등 관련 법규와 정책을 통해 이해관계자의 참여와 동의, 혜택 공유 등을 보장하고 있다.

마지막으로, 브라질은 이해관계자의 완전하고 효과적인 참여와 발언권을 보장하며, 지식재산권과 전통 지식의 보호에 노력하고 있다. 특히 원주민 환경 및 영토 관리 계획을 개발하여 이들의 토지와 자원 관리에 원주민 주도의 접근을 반영하고 있으며, 이를 통해 환경부와 브라질 원주민 재단과의 협력을 강화하고 있다. 이러한 노력을 통해 브라질은 REDD+ 프로젝트에서 지속 가능한 환경 보전과 이와 관련된 지식과 권리의 존중을 추구하고 있다.

이렇듯, 브라질의 REDD+ 프로젝트는 이해관계자의 직접 참여를 통해 구체적인 실행 전략과 방향성을 제시하고 있다. 본 연구에서 제시하는 다섯 가지 평가 기준 중, 두 가지 주요 평가 기준인 '참여'와 '협업'에 중점을 둔 구조로 프로젝트가 추진되고 있다. 특히, CCT-세이프가드 자문위원회와 같은 기구를 통해 이해관계자들이 프로젝트의 핵심에 깊게 관여하며, 전략적 의사 결정 과정에 참여하고 있다. 또한, 이러한 자문위원회 외에도 포럼이나 다양한 이니셔티브를 구축함으로써 광범위한 이해관계자들의 목소리를 듣고, 프로젝트의 지속가능성과 효과성을 높이기 위한 노력을 계속하고 있다. 이를 통해 브라질 REDD+ 프로젝트는 '참여C-③'의 다양한 이해관계자의 효과적인 참여와 '협업C-④'의 합의를 기반으로 한 '협업적' 실행 전략을 성공적으로 도입하고 있음을 확인할 수 있다.

2) 아르헨티나

PANByCC에서의 주 이해관계자 참여 방식은 워크숍workshop과 실무 그룹의 구성을 통해 이해관계자의 참여를 유도하거나 보장하고자 하였다. 산림과 기후변화, 설정된 REDD+ 국가 전략의 핵심 요소를 강화하기 위해 2015년부터 2017년 초까지 주 또는 국가 차원에서 산림청, NGO, 정부, 학계 대표들과 함께 워크숍을 개최했다FAO, 2022. 또한, 아르헨티나 산림 지역의 사회 및 환경적 측면에 대한 전문 지식을 가진 현지 기관과 협력하여 다분야 포럼 및 워크숍을 개최했다FAO, 2022. 두 번째로는 실무 그룹의 구성이다. 앞서 살펴본 워크숍이 모든 이해관계자의 '만남의 장'의 성격이 강했다면, 실무 그룹은 조금 더 전문성이 강하다. 대표들 간 만남의 장인 워크숍에서 나아가 특별 실무 그룹을 구성하여 환경 및 사회적 혜택과 세이프가드, 프로젝트 모니터링, 재정 구조와 자금 조달, 삼림 벌채와 산림 황폐화 원인 파악 등의 논의를 하였다FAO, 2022.

이 외에, 아르헨티나는 참여 방식 평가 기준의 첫 단계인 '정보 제공B-①'의 해당 방식을 적극적으로 사용하였다. 예로, 2007년 이후 시행된 시민 참여 수단인 원주민 법률 시행 대상 지역 준비를 위한 의무적인 참여 과정, 토지 이용 변경 계획 채택 전에 이루어지는 의무적인 공개 협의, 정치적-기술적인 토론 포럼 등이 있다FAO, 2022. 녹색 우편함과 각종 안내대는 이해관계자의 공개적인 의견 제시와 문의 사항에 응답하는 역할을 한다.

이렇듯, 아르헨티나는 공지, 안내대, 미팅, 워크숍, 실무 그룹 등의 다양한 채널을 통해 이해관계자의 참여를 적극적으로 유도하였다. 특히, 아르헨티나에서의 이해관계자 참여는 REDD+ 프로젝트에 직접적인 참여

보다는 환경 당국이나 정부가 제공하는 다양한 도구를 통해 이루어졌다. 이러한 접근법은 이해관계자 참여의 초기 단계로, '정보 제공' 및 '의견 수렴'에 중점을 둔 것으로 해석된다. 구체적으로 아르헨티나는 이해관계자 참여 평가척도 중 '정보 제공B-①'과 '의견 수렴B-②' 단계에서 활발한 활동을 보였다.

3) 칠레

칠레 또한 아르헨티나와 마찬가지로 워크숍과 실무 그룹의 구성으로 프로젝트 기획 및 이행 단계에서 이해관계자의 참여를 보장하고자 하였다. 다만, 아르헨티나와는 달리 워크숍과 실무 그룹이 독립적으로 형성되기보다는 워크숍을 시행하는 과정에서 실무 그룹을 만드는 등 두 그룹이 동시에 형성되었다고 보는 것이 적절하다. 워크숍은 칠레의 REDD+ 국가 전략의 환경적, 사회적 지속가능성을 높이고 보장하기 위해 합의된 이해관계자 참여 프로세스의 일환으로, 모든 이해관계자가 정보를 받고 협의에 참여할 수 있도록 했다FAO, 2021. 공식 문서에 명시된 워크숍의 주목적은 RBP 단계에서 얻은 자원 분배의 효율성과 투명성을 보장하기 위한 메커니즘에 대해 관련 당사자에게 알리고 피드백을 받기 위함이었다. 워크숍은 다시 국가 차원에서의 구성과 지역 차원에서의 구성으로 나뉜다. 지역 차원에서 칠레는 REDD+ 관련 주관기관과 실무 그룹은 국내 및 국제 파트너와 협력하여 ENCCRV를 준비하였는데, 기획 과정에서 이행 수단과 주요 역할을 파악하기 위해 컨설팅 워크숍을 진행하였다FAO, 2021. 국가 차원에서 진행한 워크숍보다 프로젝트 시행 대상 지역에 초점을 두어 진행되었다. 반면, 국가 차원에서의 워크숍은 NGO, 국제협력기구, 국내외 컨설턴트, 민간부문, 정부 기관 등 다양한 분야의 대표들이 참여하여 지역 차원에서 진행한 워크숍과 비슷한 주제로 진행되었지만 이를 보완하는 차원에서 진행되었다고 보는 것이 적절하다.

워크숍과 실무 그룹의 구성과 더불어 칠레는 국가 차원에서의 법률을 마련했다. 국제 의무와 국내 법령을 준수하며, 법적 도구를 활용하고 있다. 대표적으로 국가임업청에서 2015~2035년 사이 시행될 산림 정책을 제정해 형평성과 사회적 포용을 촉진하고, 숲에 의존하는 농민과 토착민의 전통과 문화를 존중하고자 했다FAO, 2021. 또한, CONAF에서는 지역 관리 도구들도 개발해 지역적 특성과 문화를 고려한 방식으로 운영되고 있다. 이 외에, 각종 미팅 등의 만남의 장을 마련하여, 확인된 이해관계자가 REDD+ 프로젝트의 계획과 이행 단계에서 의견을 적극적으로 피력할 수 있도록 하였다.

칠레의 REDD+ 프로젝트에 대한 이해관계자 참여 전략은 아르헨티나의 전략과 상당히 유사한 양상을 보인다. 아르헨티나와 마찬가지로, 칠레는 워크숍과 실무 그룹 형성에 중점을 둔 공식적인 문서를 제출하였다. 그러나 칠레의 전략은 '정보 제공'에만 초점을 맞춘 것이 아니라, 포커스 그룹의 구축, 워크숍의 계획적 진행, 그리고 다양한 이해관계자 간의 만남을 통한 협력 체계 구축에 주력하였다. 이런 전략은 이해관계자들의 의견을 실질적으로 수렴하고, 그 의견을 프로젝트에 반영하려는 목표를 분명히 하고 있다. 이러한 점을 감안하여, 칠레의 이해관계자 참여 전략은 평가척도에서 '의견 수렴B-②' 단계에 집중하고 있음을 확인할 수 있다.

4) 코스타리카

코스타리카는 환경보호 정책, 자연자원관리 조직, 산림생태계의 복원과 보전을 지원하는 재정 지원 메커니즘의 개발에서 선두 주자이다. 지난 30년 동안 산림 이용과 관리에서 파생되는 활동과 재조림을 강화하고 산림 보전과 산림의 지속 가능한 경영을 지원하는 경제적 수단을 설계하는 데 중요한 진전이 있었는데, 숲이 생산하는 환경서비스에 대한 직접 지불제PES이다. 코스타리카의 REDD+ 국가 전략과 관련한 대다수의 공식 문서는 국립산림금융기금의 PES 프로그램에 초점을 맞추고 있다. 공식 문서들에 따르면 코스타리카의 100만 헥타르가 넘는 산림이 한 번 이상 PES에 참여했으며, 그 결과 1980년대에 전체 국토 면적의 20%에 불과했던 산림 면적이 50% 이상으로 회복되었다UNDP, 2020. 이처럼 코스타리카의 PES 프로그램은 산림복원에 성공한 사례로 평가받는다.

코스타리카의 PES 프로그램은 1996년 산림법의 수정과 함께 시작되었다. 그 목적은 코스타리카의 산림을 보존, 보호하고 효율적으로 관리하기 위해 소, 중, 대규모 토지 소유자와 생산자에게 산림을 보호하는 대가로 인센티브를 제공하기 위함이었다UNDP, 2020. 공식 문서에 따르면 1997년 이후 수많은 PES 계약이 체결되었으며, 제도의 강화, 법적 프레임워크 구성, 자금 조달과 모니터링 및 평가의 네 가지 기본 요건을 기반으로 이루어졌다. 초기 단계에서는 토지 소유자와 생산자를 중점으로 프로그램이 기획되었지만, 2015년 원주민 공동체의 요청에 따라 원주민 지역에서도 PES 프로그램이 시행될 수 있도록 수정되었다UNDP, 2020. PES 프로그램은 결과에 기반을 둔 지급이 이루어지는 주요한 인센티브 기반 프로그램이었으며, 국가적인 REDD+ 전략의 6가지 정책과 조치 중 하나였다UNDP, 2020. 모든 수준에서 이해관계자의 참여를 보장하고자 하였으며, 의사 결정과 역량 강화 교육 과정에서 이해관계자의 참여를 유도했다. 나아가, 모든 지역사회 구성원이 PES 프로그램이 후원하는 회의와 교육 과정에 초대되었다. 이 외에도 REDD+ 국가 전략 사전 협의 절차에 따라 마을 회의, 정보 및 역량 강화 워크숍, 지역 토지 분석 등 180개 이상의 이해관계자 참여 활동이 진행되었다UNDP, 2020.

코스타리카의 환경보호 정책은 지속 가능한 관리와 보전 전략에서 이해관계자의 역할을 깊이 인식하고 있음을 알 수 있다. 특히, 산림생태계의 복원 및 보전을 지원하는 PES 메커니즘은 이를 명확하게 보여준다. PES 프로그램의 설계 및 실행 과정에서 코스타리카는 다양한 이해관계자, 특히 토지 소유자와 생산자, 그리고 나중에는 원주민 공동체까지 포함하여, 이들의 입장과 의견을 반영하려 노력했다. 그 결과, 이 프로그램은 산림복원의 성공적인 사례로 평가받을 뿐만 아니라, 이해관계자들의 깊은 참여를 통한 환경보호 거버넌스의 모범 사례로도 간주된다. 이렇게 코스타리카가 PES 프로그램을 통해 이해관계자의 통합적 참여를 확보한 것은, 이해관계자의 평가척도에서도 최상위 기준으로 간주되는 '권한 부여C-⑤'에 부합하는 전략이다. 'C-⑤'는 '권한 부여'를 의미하며, 이 단계는 이해관계자에게 직접적인 결정권을 부여하여, 그들을 거버넌스 구조 내에서 중심적인 위치에 통합하는 것을 나타낸다.

3. 이해관계자 참여 방식 평가 Stakeholder Engagement Evaluation

네 국가브라질, 아르헨티나, 칠레, 코스타리카의 REDD+ 국가 전략NRS 및 관련 공식 문서를 분석한 결과, 이들 국가의 이해관계자 참여 메커니즘은 칸쿤합의문의 세이프가드 이행 과정과 연계되어 있음을 확인하였다. GCF에 의한 REDD+ 결과 기반 지급 승인을 받은 이들 국가는 다음과 같은 성과를 기록하였다. 브라질은 2014년부터 2015년까지 2,509만 3,262.55 tCO_2e 감축을 달성하여 9,645만 2,228달러의 RBP를 인정받았다UNDP, 2019. 아르헨티나는 2014년부터 2016년까지 1억 6,517만 2,705 tCO_2e 감축을 기록하여 8,200만 달러의 RBP를 확보하였다FAO, 2020b. 칠레는 해당 기간 1,840만 9,425 tCO_2e의 감축으로 6,360만 7,552달러를, 코스타리카는 1,479만 4,749 tCO_2e 감축으로 5,411만 9,143달러를 인정받았다FAO, 2019; UNDP, 2020. GCF에 의한 REDD+의 결과기반 지급 승인은 각 국가의 탄소 배출 저감 및 산림복원 활동의 국제 기준 준수와 효과성을 공식적으로 인증하는 것을 의미하며, 이는 환경보호에 있어 중요한 국제적 인정과 금전적 보상을 수반한다. 이처럼 네 국가 모두 REDD+ 프로젝트 시행에 '성공'한 국가로 평가받는다.

다만, 이해관계자의 참여 방식의 '정도'가 다르다. 이해관계자의 참여는 REDD+ 프로젝트의 성공에 결정적인 요인 중 하나로 꼽힌다. 여러 연구를 통해 확인된 바와 같이 REDD+ 프로젝트의 결과는 그 프로젝트에 참여하는 이해관계자들의 참여 정도에 크게 영향을 받는다. 이해관계자의 참여는 단순히 '참석'과 '기여'의 형태만을 의미하는 것이 아니라, 의견과 입장이 프로젝트의 계획 및 실행 과정에 어떻게 반영되었는지, 그리고 어떤 영향을 미쳤는지를 포괄적으로 파악하는 것을 의미한다. 따라서, 네 국가 모두 RBP 지급 승인을 받아 프로젝트가 '성공'으로 평가되었지만, 이것만으로는 프로젝트의 전체적인 성공 여부를 판단하기는 어렵다. 이해관계자 참여의 깊이와 방식은 프로젝트의 지속가능성, 이행력, 그리고 투명성과 같은 중요한 요소에 영향을 미칠 수 있으므로, 네 국가의 프로젝트 성공 여부를 평가할 때 이를 중심으로 한 상세한 평가가 요구된다. 평가척도상 코스타리카, 브라질, 칠레, 아르헨티나 순으로 이해관계자의 참여 정도가 높고, 의사소통의 정도가 활발하며, 그 관계의 본질이 장기적임을 알 수 있다. 아르헨티나는 '정보 제공B-①'과 '의견 수렴B-②'에 해당하는데, 이해관계자들에게 녹색 우편함, 각종 안내대 등의 창구를 통해 REDD+ 프로젝트 관련 정보를 제공하였고, 워크숍과 실무 그룹의 구성을 통해 '의견 수렴' 단계가 이루어졌다. 칠레는 아르헨티나와 유사하게 '의견 수렴B-②' 단계를 거쳐 포커스 그룹을 형성하고, 워크숍과 실무 그룹을 구성하였다. '정보 제공B-①'의 측면도 확인되었지만, 칠레의 공식 문서에서는 '의견수렴B-②' 단계가 강조되었다. 브라질은 '참여C-③'와 '협업C-④'에 해당하는데,

자문위원회, 포럼, 이니셔티브 구축 등의 장을 통해 이해관계자가 직접 관여하고 있다. 마지막으로, 코스타리카는 '권한 부여C-⑤'에 해당하는데, 별도로 PES 메커니즘을 구축하여 이해관계자를 하나의 거버넌스에 통합시켰다고 볼 수 있다. 국가 차원에서 PES 메커니즘을 REDD+ 국가 전략으로 내세워 '정보 제공(B-①),' '의견 수렴(B-②),' '참여C-③', '협업C-④' 평가척도에 해당하는 내용을 PES 안으로 모두 통합하였다.

추가로, 이해관계자의 참여 방식과 깊이뿐만 아니라 'RBP 자금의 동원 방식 및 활용 방식' 또한 REDD+ 프로젝트의 지속성과 효과성을 결정짓는 중요한 요소이다. 이와 관련하여 석현덕2010의 연구는 REDD+의 효과성이 해당 지역사회에 제공되는 자금 지원의 여부에 크게 의존한다는 점을 강조하였다. 이에 따라, RBP 자금의 활용과 관련된 전략은 해당 프로젝트의 성공률을 예측하는 중요한 지표로 작용한다. 아르헨티나, 브라질, 칠레, 그리고 코스타리카의 사례를 근거로, 이들 국가는 REDD+ 성과를 바탕으로 받은 RBP를 국내 산림 및 기후변화 전략에 재투자하는 전략을 적용하고 있다. 국가별로 공개된 공식 문서를 통해, 이들은 RBP 자금을 특정 분야에 어떻게 활용할 것인지를 명시적으로 밝히고 있다. 아르헨티나는 산림법의 강화를 위한 RBP 사용을 계획하며, 칠레는 국가 전략의 이행 강화를 위한 재투자 전략을 마련하고 있다. 브라질은 환경보호 및 REDD+ 전략 이행 강화를 목표로, 코스타리카는 지속 가능한 개발 방향의 임업법 개선 및 환경서비스 지불제 프로그램 강화를 계획 중이다. 이 중에서도 주목할 만한 사례는 코스타리카로, 이 국가는 이해관계자 참여의 깊이와 방식에 있어서 뛰어난 접근 방식을 보인다. 코스타리카는 원주민을 포함한 이해관계자의 참여를 최대한 확대하겠다는 명확한 방침을 갖고 있다. 이는 앞서 R-SEF의 평가척도에 따른 이해관계자 참여 평가와 일치하며, 코스타리카가 'C-⑤' 단계에 위치함을 재확인한다. 따라서, 이를 통해 코스타리카의 이해관계자 참여가 다른 국가에 비교하여 뛰어난 효율성을 보임을 강조하고자 한다.

나가는 말

산림은 지구의 생태계와 환경에 있어 중추적인 자원으로 그 중요성이 꾸준히 강조됐다. 특히 최근의 기후변화와 지속 가능한 발전에 대한 관심 속에서 REDD+ 메커니즘은 산림복원의 중요한 도구로 자리매김하였다. 본 연구에서는 REDD+ 메커니즘의 국가 전략 수립 과정에서 이해관계자 참여의 중요성에 주목하였다. 중남미 지역의 네 국가인 브라질, 아르헨티나, 칠레, 코스타리카는 REDD+ 국가 전략의 구축과 성공적인 RBP 승인을 통해 이해관계자의 참여가 국가 전략의 성공에 결정적인 역할을 하는 것을 확인하였다. 이해관계자의 참여 방식을 분석한 결과, 국가마다 차이가 있었다. 특히 코스타리카는 '권한 부여C-⑤' 단계에서 깊은 참여를 보였으며, 이는 PES 메커니즘 구축과 연계되어 있었다. 브라질은 '참여C-③' 및 '협업C-④' 단계에서 다양한 포럼을 활용하며 이해관계자 참여를 확대하였고, 칠레와 아르헨티나는 주로 '의견 수렴B-②'과 '정보 제공B-①' 단계에서 참여를 유도하였다.

R-SEF 프레임워크의 세 단계를 통한 분석 결과, 이해관계자의 참여는 REDD+ 국가 전략의 성공에 있어 핵심 요소임을 확인할 수 있었다. 특히, 코스타리카의 경우와 같이 이해관계자를 포괄하는 거버넌스 구조를 활용하는 것이 국가 전략의 성공을 위한 효과적인 방법임을 시사한다. 결론적으로, 본 연구는 REDD+ 국가 전략의 성공에 있어 이해관계자 참여의 중요성을 강조하며, 다른 국가들이 코스타리카의 '권한 부여C-⑤' 단계와

같은 깊은 참여를 추구할 때, R-SEF 프레임워크를 참고하여 전략적으로 참여를 유도하는 방향으로 접근해야 할 것을 제언한다.

네 국가의 REDD+프로젝트에서의 이해관계자 참여 방식 분석과 평가는 타 국가에 여러 시사점을 제공한다. 첫째, 이해관계자 참여의 깊이와 방식이 REDD+ 국가 전략의 성공에 있어 결정적인 영향을 미친다는 점을 재확인하였다. 각 국가는 REDD+ 프로젝트를 추진하면서 이해관계자 참여의 방식과 깊이에서 다양한 전략을 사용하였다. 브라질의 경우, 이해관계자들이 프로젝트의 핵심에 직접 참여하고 전략적 의사 결정 과정에 깊이 관여하였다. 아르헨티나와 칠레는 이해관계자 참여를 주로 '정보제공B-①' 및 '의견 수렴B-②'에 중점을 두어 추진하였다. 코스타리카의 경우는 이해관계자들에게 직접적인 결정권을 부여하는 '권한 부여C-⑤' 방식으로 참여를 유도하였다. 이런 차이는 각 국가의 사회적, 문화적 배경, 그리고 REDD+ 프로젝트의 목표와 방향성에 따라 결정되었을 것이다. 하지만 중요한 것은 이런 차이가 국가의 REDD+ 프로젝트 추진에 어떠한 영향을 미쳤는지를 파악하는 것이다. 네 국가 모두 REDD+ 프로젝트에 있어 RBP를 받는 등 '성공'으로 평가받았다. 산림복원 프로젝트의 성공 척도의 하나로 결과 기반 지급을 두는 것이 중요하나, 본 연구는 새로이 재구성된 'R-SEF' 프레임워크를 통해 '이해관계자 참여'를 산림복원 프로젝트의 성공 기준의 또 다른 척도로 제시한다. 둘째, 코스타리카와 같은 깊은 참여 방식은 거버넌스 구조와의 연계성을 통해 다른 국가에도 모범 사례로 제시될 수 있다. 이러한 깊은 참여는 이해관계자들 사이의 신뢰 구축, 지속적인 의사소통 및 협력의 토대를 마련하여 프로젝트의 장기적 성공을 보장한다. 셋째, 이해관계자 참여의 중요성을 강조하는 동시에, 그 방식과 깊이에 대한 체계적이고 전략적인 접근이 필요하다. 본 연구에서 재구성한 'R-SEF' 프레임워크는 이러한 접근을 돕는 가이드라인으로 활용될 수 있으며, 타 국가들이 국가 전략을 구축할 때 참고할 수 있는 중요한 참조 자료가 된다. 마지막으로, REDD+ 국가 전략의 성공은 단순히 기술적 또는 재정적인 측면만으로 판단되는 것이 아니다. 이해관계자의 참여와 그 과정에서의 의사소통, 협력, 합의 등 사람 중심의 요소들이 프로젝트의 성공을 크게 좌우한다는 사실을 인식하고, 이를 토대로 타 국가들도 산림복원 프로젝트를 계획하고 실행하는 데 중요한 교훈을 얻어 산림복원을 이룰 수 있을 것이다.

참고문헌

김성진. (2019). “REDD+ 설립을 위한 중견국 기후-산림외교 연구”, 『정치·정보연구』 22(2), 55-90.

민경택. (2006). “코스타리카, 산림환경에 대한 직접지불제 개요”, 『세계농업』 76, 65-73.

산림청. (n.d.). ‘탄소흡수원 유지 및 증진에 관한 법률’, https://www.law.go.kr/법령/탄소흡수원유지및증진에관한법률

석현덕, 윤범석. (2010). “기후변화협약 REDD 메커니즘의 이해와 향후 협상전망”, [정책연구보고서]. 한국농촌경제연구원.

윤평화. (2015). “REDD 체제 구축과 이행: UNFCCC REDD 협상 분석을 중심으로”, 『세계농업』 180, 1-24.

장은혜. (2022). “REDD+ 활성화 및 체계적 이행을 위한 법제 연구”, 『기후변화법제연구』 22-16-3. 한국법제연구원.

AccountAbility. (2015). *AA1000 stakeholder engagement standard*. https://www.accountability.org/standards/aa1000-stakeholder-engagement-standard/

Andoh, J., & Lee, Y. (2018). National REDD+ strategy for climate change mitigation: A review and comparison of developing countries. *Sustainability*, 10(12), 4781. https://doi.org/10.3390/su10124781

Brazilian Ministry of the Environment (MMA). (2018). *ENREDD+ national REDD+ strategy*.

Chile Precolombino. (n.d.). *Native peoples*. http://chileprecolombino.cl/en/

Food and Agriculture Organization of the United Nations (FAO). (2018). *The state of the world's forests: Forest pathways to sustainable development*.

Food and Agriculture Organization of the United Nations.

FAO. (2019). Chile *REDD-plus results-based payments for results period 2014-2016*. Green Climate Fund.

FAO. (2020a). *Global forest resources assessment 2020: Main report*. https://doi.org/10.4060/ca9825en

FAO. (2020b). *Argentina REDD-plus RBP for results period 2014-2016*. Green Climate Fund.

FAO. (2020c). *Environmental and social management framework (ESMF) annex to the funding proposal Argentina REDD-plus RBP for results period 2014-2016 within the framework of the GCF pilot programme for REDD+ results-based payments*.

FAO. (2021). *2021 Annual Performance Report for FP120: Chile REDD-plus results-based payments for results period 2014-2016*. Green Climate Fund.

FAO. (2022). *2021 Annual Performance Report for FP142: Argentina REDD-plus RBP for results period 2014-2016*. Green Climate Fund.

Freeman, R. E. (1984). *Strategic management: A stakeholder approach*. HarperCollins College.

Freeman, R. E. (2010). *Strategic management: A stakeholder approach*(Rev. ed.). Cambridge University Press.

Freeman, R. E., & McVea, J. (2001). A stakeholder approach to strategic management. In M. A. Hitt, R. E. Freeman, & J. S. Harrison (Eds.), *Blackwell handbook of strategic management*(pp. 189-209). Wiley-Blackwell.

Harris, N. L., Gibbs, D. A., Baccini, A., Birdsey, R. A., de Bruin, S., Farina, M., Fatoyinbo, L., Hansen, M. C., Herold, M., Houghton, R. A., Potapov, P. V., Requena Suarez, D., Roman-Cuesta, R. M., Saatchi, S. S., Slay, C. M., Turubanova, S. A., & Tyukavina, A. (2021). Global maps of twenty-first century forest carbon fluxes. *Nature Climate Change*, 11, 234-240. https://doi.org/10.1038/s41558-020-00976-6

International Association for Public Participation (IAP2). (n.d.). Core values, ethics, spectrum - The 3 pillars of public participation. https://www.iap2.org/page/pillars

Kanowski, P. J., McDermott, C. L., & Cashore, B. W. (2011). Implementing REDD+: Lessons from analysis of forest governance. *Environmental Science & Policy, 14*(2), 111-117. https://doi.org/10.1016/j.envsci.2010.11.007

McGuire, J., Dow, S., & Argheyd, K. (2003). CEO incentives and corporate social performance. *Journal of Business Ethics, 45*(4), 341-359.

Post, J. E., Preston, L. E., & Sachs, S. (2002). Redefining the corporation: *Stakeholder management and organizational wealth*. Stanford University Press.

Thompson, M. C., Baruah, M., & Carr, E. R. (2011). Seeing REDD+ as a project of environmental governance. *Environmental Science & Policy, 14*(2), 100-110.

United Nations Development Programme (UNDP). (2019). REDD+ *results-based payments for results achieved by Brazil in the Amazon Biome in 2014 and 2015*. Green Climate Fund.

UNDP. (2020). *Costa Rica REDD-plus results-based payments for 2014 and 2015*. Green Climate Fund.

UNDP. (2021). *2020 Annual Performance Report for FP100: REDD-plus results-based payments for results achieved by Brazil in the Amazon Biome in 2014 and 2015*. Green Climate Fund.

UNDP. (2022). *2021 Annual Performance Report for FP144: Costa Rica REDD-plus results-based payments for 2014 and 2015*. Green Climate Fund.

United Nations Framework Convention on Climate Change (UNFCCC). (n.d.).

REDD+ resources: UNFCCC REDD+ documents. https://unfccc.int/topics/land-use/workstreams/redd/redd-resources

UNFCCC. (n.d.). *REDD+ Web Platform, Lima REDD+ Information Hub*. https://redd.unfccc.int/info-hub.html

Williams, L. G. (2013). *Putting the pieces together for good governance of REDD+: An analysis of 32 REDD+ country readiness proposals*[Working Paper]. World Resources Institute.

• 황준아

황준아는 건국대학교 영어영문학과와 정치외교학과를 졸업하고 서울대학교 국제대학원 석사과정에 재학 중이다. 주요 관심 분야는 환경과 국제개발협력 등이다.

(연락처: snu_hwangjuna@snu.ac.kr)

• 송지연

송지연은 하버드 대학에서 정치학 박사학위를 취득하였으며, 현재 서울대학교 국제대학원에서 교수로 재직하고 있다. 주된 관심 분야는 비교정치경제, 국제개발협력이다.

(연락처: jiyeoun.song@snu.ac.kr)

5장 기후 회복력을 달성하기 위한 위험 완화 및 적응 조치의 역할
: 베트남 호찌민시(HCMC) 사례 연구 분석*

윤세미**, 김서영***

서론

도시로의 인구 유입이 급증함에 따라, 전 세계 도시는 도시 홍수를 중요한 정책 과제로 인식하고 있다. 특히 기후변화와 부적절한 인프라 개발로 인해 개발도상국의 도시에서는 이러한 문제가 더욱 심각하게 나타난다Huong & Pathirana, 2013. 도시 홍수는 경제적 손실과 생명에 대한 위협뿐만 아니라 공중보건 문제에 이르기까지 다양한 영향을 미친다. 기후변화는 강수 패턴에 변화를 초래하고, 기상이변을 심화시키며, 해수면 상승을 유발함으로써 홍수의 빈도와 심각성을 증가시키는 요인으로 작용하고 있다IPCC, 2023. 이와 더불어, 열악한 인프라와 계획되지 않은 도시화는 도시를

* 본 연구는 서울대학교 국제대학원 4단계 BK21 교육연구단『국제지역과 개발의 다학제적 연구를 통한 교재개발』의 지원을 받아 수행되었으며, 「한국기후변화학회」제16권 제2호(2025)에 게재된 논문을 수정·보완한 것입니다.

** 서울대학교 국제대학원 교수 (Email: semee@snu.ac.kr)

*** 서울대학교 국제대학원 석사과정 (Email: seoyoung1108@snu.ac.kr)

이러한 기후 관련 위험에 더욱 취약하게 만드는 원인으로 지목된다.

이에 대응하여 도시 정부는 도시 홍수에 대한 복원력을 확보하기 위해 다양한 완화 및 적응 개입을 시행하고 있다. Prashar et al.2023은 도시 홍수 복원력의 개념을 "홍수와 함께 살아가는 능력"으로 정의하며, 이는 도시가 홍수의 영향을 효과적으로 감내하고 대응할 수 있는 역량을 의미한다. 일반적으로 완화는 장기적인 기후변화 영향을 줄이기 위한 온실가스 감축을 의미하지만Pielke, 1998, 도시화 및 기후 복원력의 맥락에서는 홍수의 영향을 줄이기 위한 물리적·제도적 노력을 지칭하는 개념으로 사용된다. 이러한 노력에는 배수 시스템 개선, 투수성 포장과 같은 지속 가능한 인프라 도입 등이 포함된다. 또한, 토지 이용 계획 및 구역 규제와 같은 정책적 개입은 예방적 조치로서 중요한 역할을 수행한다Dharmarathne et al., 2024.

반면, 적응 전략은 기후변화의 직접적인 영향이 국가 수준과는 달리 지역 수준에서 다양하게 나타날 수 있기 때문에, 지역 단위에서 적용하는 것이 보다 적절하다고 간주된다Laukkonen et al., 2009. 적응은 단기적인 개입보다는 장기적인 대응에 중점을 두며, 예를 들어 홍수 발생 시 지역사회와 기반 인프라가 효과적으로 대응하고 신속히 복구할 수 있는 역량을 강화하는 데 우선순위를 둔다. 구체적인 사례로는 기후 회복력을 고려한 도시 계획 조치, 비상 대응 시스템, 그리고 지역사회 기반의 조기 경보 프로그램 등이 있다. 이러한 대응은 재난에 대한 사전 준비와 회복력을 동시에 강화하는 역할을 한다Yoon & Lee, 2024.

완화와 적응은 기후 회복력 확보의 핵심적 요소이나, 그 효과는 사회적 맥락에 따라 차이를 보인다Bengtsson et al., 2007. 지역 수준에서는 도시 거버넌스 구조의 이질성과 사회경제적 불평등이 이러한 차이에 영향을 미치며Roldán-Valcarce et al., 2021; Rasch, 2017, 본 연구에서 기후 회복력은 도시의 거버넌스 체계, 도시 시스템, 지역공동체가 홍수에 적응하고 회복하는 동시에 장기적인 지속가능성을 촉진할 수 있는 역량 정의된다Rezvani et al., 2023. 이는 홍수에 대한 취약성 완화에 초점을 둔 기후 적응과 달리, 제도적·사회경제적, 그리고 거버넌스 차원의 광범위한 역학을 포괄하는 광범위한 개념으로, 미래 위험 대응을 위한 도시의 전략적 영향을 강조한다. 따라서 이러한 복잡한 맥락을 이해하는 것은 지역 맞춤형 홍수 위험 완화 전략 수립의 필수적 과정이다.

베트남은 저지대 지형과 사회경제적 조건으로 인해 기후 변화에 취약한 국가로 평가된다Truong et al., 2022. 특히 경제 중심지이자 최대 인구 밀집 도시인 호찌민시는 도시 홍수 문제가 심각하며, 19개 도시 구역과 5개 농촌 지역에 거주하는 약 800만 명의 인구가 홍수 위험에 지속적으로 노출되고 있다Ngoc et al., 2016. 호찌민시의 열대기후는 연평균 기온이 약 27℃에 달하고 잦은 강수 현상으로 홍수 취약성을 가중시키며, 이는 사회경제적 취약 계층의 생활 조건을 악화시킨다. 또한, 높은 인구밀도는 도시 시스템의 과부하를 유발하고, 노후된 배수 인프라는 집중호우에 효과적으로 대응하지 못한다. 이러한 기후 조건과 도시 구조의 상호작용은 복합적 위험 환경을 조성한다. 홍수 완화 인프라 투자와 정책적 우선순위 설정이 국가 차원에서 진행됐음에도Ngoc et al., 2016, 호찌민시의 도시 홍수 문제는 심화되어 도시 회복력의 시급성을 보여주는 대표적 사례로 평가된다.

그 결과, 호찌민시 주민들은 재산 피해, 건강 위협, 사회적 이주 압력 등 다층적 문제에 직면하고 있다Duy et al., 2018. 도시 내 산업단지와 주거지가 혼재하는 공간적 특성은 홍수 관리 전략의 복잡성을 가중시킨다. 현재 시행 중인 홍수 완화 조치들은 부분적인 성과를 보이지만, 효과의 편차가 크다. 기존 연구에 따르면, 홍수 예측 모델링과 실제 적용 간 괴리를 지적하며, 홍수 취약 지역이 확대될 것이라는 전망을 고려할 때Scussolini et al., 2017; Downes & Storch, 2014, 거버넌스 차원의 통합적 접근의 시급성이 강조되고 있다.

따라서 본 연구는 호찌민시의 홍수 완화 및 적응 조치의 효과를 평가하기 위해 제도적 분석 및 개발Institutional Analysis and Development, IAD 프레임워크를 적용한다. IAD는 Polski와 Ostrom1999이 집단행동 문제와 제도적 상호작용을 체계적으로 분석하기 위해 제안한 도구로, 다층적 거버넌스 구조를 이해하고 정책 결과를 평가하는 데 효과적인 접근법이다. 특히, 호찌민시와 같이 급속히 도시화되고 있는 지역에서는 홍수 복원력에 영향을 미치는 주요 요소들을 분석하는 데 유용하다. 본 연구는 IAD를 활용하여 호찌민시의 홍수 복원력에 영향을 미치는 세 가지 핵심요소, 다중 이해관계자 간의 거버넌스 구조, 제도 간 조정 메커니즘, 그리고 재정적 지속가능성을 심층적으로 분석한다. 본 연구는 외생 변수사회경제적 요인, 거버넌스 구조, 기후 위험, 행동 영역정부 기관, 국제기구, 지역사회 간의 상호작용, 정책 결과 등을 종합적으로 분석함으로써, 호찌민시의 기후 회복력 강화를 위한 제도적 장벽과 기회를 규명하는 것을 주요 목표로 한다.

홍수 거버넌스 연구에 IAD 프레임워크를 적용한 선행 연구들은 제도적 역량과 이해관계자 협의 메커니즘이 기후 위험 대응 효과성에 미치는 영향을 다각도로 분석한다. 예를 들어, Vitale와 Meijerink2023는 이탈리아 북부 포강 유역의 홍수 거버넌스를 IAD로 평가하며, 역사적 경로 의존성과 중앙-지방 정책 불일치가 복원력 강화를 저해하는 구조적 결함으로 작용함을 규명하였다. 이와 유사하게 네덜란드의 홍수 위험 거버넌스에 관한 연구Molenveld & Buuren, 2019는 IAD가 다층적 거버넌스와 재정 분배 원칙을 분석하는 데 효과적임을 입증하며, 홍수 관리의 장기적 지속가능성을 위한 제도 설계의 중요성을 강조한다. 이러한 국제적 통찰을 바탕으로, 본 연구는 IAD를 활용하여 제도 간 조정, 재정적 지속가능성, 지역사회 참여와 같은 요소들이 호찌민시의 홍수 복원력 대책에 어떠한 영향을 미치는지를 체계적으로 진단한다.

본 논문의 구성은 다음과 같다. 다음 장에서는 전 세계 및 베트남을 중심으로 한 기후 회복력과 도시 홍수 완화 및 적응 노력에 관한 최근 연구 동향을 검토한다. 이어지는 장에서는 호찌민시 사례 분석에 적용된 제도적 분석 및 개발IAD 프레임워크에 관해 설명한다. 그 다음 장에서는 연구 조사 결과와 이에 대한 정책적 시사점을 제시한다. 마지막으로, 본 백서의 주요 권고사항과 연구의 한계점을 논의하며 결론을 맺는다.

도시 홍수 위험과 기후 회복력

글로벌 홍수 거버넌스 연구

기존 연구들은 도시 홍수 위험과 기후변화의 복잡성에 관해 다각도로 분석해왔다. 자산 기반 접근법은 도시 인프라전력망, 송수관 등와 주민의 자원 접근성을 핵심 요소로 강조하며, 프랑스의 오를레앙Orléans과 샤토Château 사례에서 지리정보시스템GIS 기반 네트워크 분석을 통해 홍수 취약 지역을 식별하였다Lhomme et al., 2013. 이 연구는 사회경제적 취약 계층이 밀집한 지역이 기후 적응 전략에서 소외되는 현상을 규명하며, 공간적 데이터의 정밀도가 회복력 평가의 한계로 작용함을 지적한다. 더 나아가 통합적 프레임워크의 필요성은 나일 삼각주 연구에서 더욱 명확히 드러난다. Abdrabo와 Hassaan2015은 해수면 상승에 대응하기 위해 물리적 인프라 개선뿐만 아니라 사회경제적·물리적·환경적·제도적 요소를 종합적으로 고려할 것을 제안하며, 이는 최근 연구에서 강조되는 다학제적 접근과 맥락을 같이한다. 그러나 고해상도 지리 자료 부족은 실천적 적용을 저해하는 주요 장애물로 남아 있다.

거버넌스 구조의 영향력은 이탈리아 사례에서 두드러진다. Vitale과

Meijerink2023은 IAD 프레임워크를 활용해 중앙집권적 정책이 경로 의존성에 갇혀 지방정부의 유연한 대응을 방해한다고 분석한다. 이는 하향식 접근이 녹색 인프라 확장이나 지역사회 참여를 통한 적응형 관리를 약화시킨다는 점을 시사한다. 이러한 제도적 장벽을 극복하려고 연구자들은 상향식 이니셔티브예: 주민 주도적 조기 경보 시스템과 데이터 기반 의사 결정 모델의 결합을 제안한다.

호찌민과 베트남의 도시 홍수 완화 및 적응 조치

베트남의 도시를 대상으로 한 연구들은 주로 급속한 도시화와 사회경제적 요인을 중심으로, 기후변화가 도시 환경에 미치는 영향을 분석해왔다. 기후변화로 인한 위험이 증가하여 현재 베트남 도시 면적의 50% 이상이 정기적인 홍수의 영향을 받는 것으로 나타나고 있다Duy et al., 2018. 베트남의 홍수 취약성은 높은 인구밀도와 더불어, 경제 자산이 저지대 및 강 삼각주 지역에 집중되어 있다는 점에서 더욱 심각하게 나타난다. 이에 따라 베트남은 위험, 취약성, 그리고 위험 기반 접근 방식을 통합한 다양한 홍수 위험 평가를 시행하고 있으며Nguyen et al., 2020, 이는 도시 회복력 강화를 위한 기초 자료로 활용되고 있다. 그러나 실제 홍수 적응 전략의 효과는 여전히 제한적인 수준에 머물고 있으며, 이는 주로 지역 차원에서 홍수 위험을 구체적인 맥락에 맞게 관리하는 과정에서 나타나는 제도적 문제와 실행 상의 어려움에 기인한다Huynh & Stringer, 2018. 이와 같은 정책 평가와 현장 실행 사이의 괴리는, 장기적인 홍수 적응 전략 수립을 위한 제도적 요인과 지역 맞춤형 복원력 조치를 파악할 수 있는 보다 통합적이고 체계적인 분석의 필요성을 강하게 시사한다.

호찌민시를 대상으로 한 기존 연구들은 주로 기후변화가 도시에 미치는 영향에 초점을 맞추어 분석해왔다. 기후변화로 인한 위험 증가로 인해 현재 호찌민시 도시 면적의 50% 이상이 정기적인 홍수의 영향을 받는 것으로 나타난다Duy et al., 2018. Duy et al.2018'은 지리정보시스템GIS을 활용한 분석을 통해, 도시계획 조치의 부재가 호찌민시 내 새롭게 개발되고 있는 지역들의 홍수 취약성을 심화시키고 있음을 밝혀냈다. 특히, 지방정부는 효과적인 홍수 위험 관리 체계가 미비함에도 불구하고 지속해서 신규 주택 개발에 대한 투자를 확대하고 있다. 이러한 배경 속에서, 회복력 있는 교통 시스템 구축은 호찌민시의 홍수 취약성을 완화할 수 있는 주요 해결책으로 제시되고 있다Duy et al., 2019. 호찌민시는 '지상 도로망'에 대한 의존도가 높은 도시로, 회복력 있는 인프라에 대한 우선적 투자는 필연적으로 주택, 지속 가능한 배수 시스템 등 관련 도시 시스템 전반의 접근성과 기능성을 제고하는 개발로 이어질 수 있다. 그러나 증가하는 홍수 발생 빈도로 인해 교통 시스템의 안정성에 대한 위협이 높아지고 있음에도 불구하고 호찌민시의 교통 시스템에 대한 회복력 강화 노력은 상대적으로 간과되고 있는 실정이다Duy et al., 2019; Duy et al., 2018.

호찌민시의 홍수 복원력에 관한 연구에서도 사회경제적 요인과 적응 능력 간의 복잡한 역학관계가 드러나고 있다. 특히 호찌민시의 소외 지역에 거주하는 저소득층 가구는 생계 안정성이 낮아, 도시 홍수에 대해 높은 취약성을 보이는 것으로 나타났다Duy et al., 2018. 그러나 이러한 가구들은 홍수 발생 시 제도적 지원에만 전적으로 의존하지 않고, 시간의 경과에 따라 자발적으로 적응 행동을 보이기도 한다. 예를 들어, 일부 가구는 집 바닥을 높이는 등 홍수 피해를 줄이기 위한 자체적인 완화 조치를 실행해 온 것으로 확인되었다Tu et al., 2024. 이러한 사례는 지역 주민의 자생적 복원력 형성 가능성을 보여주는 동시에, 향후 정책 설계 시 지역 맞춤형 접근과 주민 참여의 중요성을 시사한다.

이러한 자발적 적응 노력에도 불구하고, 특히 성별에 따라 회복력 수준에는 상당한 격차가 존재한다. 호찌민시의 도시 여성, 특히 사회적 취약 계층에 속한 여성은 자원에 대한 접근성이 불평등하게 제한되어 있어, 전반적인 회복력 수준이 낮은 것으로 나타난다. 이와 같은 취약성은 지역 차원의 의사 결정 과정과 적응 프로그램에 대한 참여 기회가 제한된 구조적 환경 속에서 더욱 심화하고 있다. 이는 주로 '하향식top-down의사 결정 방식'이 정책 수립과 실행 전반을 지배하고 있기 때문이며, 이에 따라 여성의 참여와 목소리가 실질적으로 반영되기 어려운 상황이 지속되고 있다Tran & Downes, 2023. 최근 연구에 따르면 민간 부문 내에서도 회복력 수준은 상이하게 나타날 수 있음이 밝혀지고 있다. Diez et al.2024의 연구에 따르면, 호찌민시 전체 기업의 약 86%를 차지하는 소규모 기업들은 집단적인 홍수 복원력 강화 노력에 높은 참여 의지를 보이는 것으로 나타났다. 응답 기업 중 70%는 홍수 인식 제고를 위한 이니셔티브에 참여할 의향이 있다고 답했으며, 39%는 비용이 기업과 지방정부 간에 분담될 경우 재정적 기여에도 긍정적인 입장을 보였다.

그러나 소규모 기업들은 국제 가치사슬에 참여하고 있는 대기업에 비해 재정 및 운영 측면에서 상당한 어려움에 직면하고 있다. 이러한 격차는 Le와 Pham2022의 연구를 통해 더욱 부각되며, 해당 연구에 따르면 대기업은 일반적으로 베트남 환경기금Environment Fund, EF을 통해 환경 금융에 보다 용이하게 접근할 수 있지만, 소규모 기업은 접근성이 현저히 낮은 것으로 나타났다. 기업과 환경기금 간의 정보 비대칭은 녹색 금융 접근을 저해하는 주요 장애 요소로 작용하고 있으며, 특히 많은 소규모 기업들은 친환경 프로젝트를 추진하고 있음에도 불구하고 이용할 수 있는 재정적 지원에 대해 인지하지 못하고 있다. 이러한 정보 격차는 기업의 규모와 관계없이 홍수 적응 조치를 효과적으로 이행하는 데 필요한 자원에 접근할 수 있도록 커뮤니케이션 전략의 개선 필요성을 시사한다.

제도적 차원에서 Vachaud2019는 호찌민시의 도시계획 정책이 "국가, 지역, 도시 수준"으로 효과적으로 분화되지 못하고 있는 구조적 한계를 지적하였다. 호찌민시의 도시계획 전략은 종종 단일 부문 또는 단일 프로젝트 중심의 접근에 집중되어 있으며, 이는 도시 내 다양한 구역의 고유한 맥락과 특성을 충분히 반영하지 못하는 결과를 초래하고 있다. 이에 따라 도시 수준에서 Scheiber et al. 2023은 호찌민시의 저지대 해안 지역에 유연한 완화 조치를 통합할 필요성을 강조하며, 대규모 홍수 방지 인프라예: 환형 제방와 더불어 소규모 분산형 우수 저류 시스템의 병행 구축을 제안하고 있다. 이들의 연구에 따르면, 도시 차원의 평가가 부족할 경우 도시화 및 기후변화 추세에 효과적으로 대응할 수 있는, 확장 가능하고 후회 없는low-regret 적응 옵션의 실행 가능성이 제한된다는 점이 확인되었다.

제도적 분석 및 개발IAD 프레임워크

기후 회복력 맥락에서의 IAD 프레임워크

기후 위험과 회복력을 평가하기 위해 다양한 방법론이 사용되었다. 대표적으로는 GIS 기반의 홍수 모델링과 취약성 지수 개발이 포함된다. 이러한 위험 모델링은 홍수 노출에 대한 예측치를 제공하는 데 유용하지만, 제도적 또는 거버넌스 요인에 대한 고려는 상대적으로 부족하다. 예를 들어, GIS 기반의 수문학적 모델링은 도시 홍수 완화 노력에 기여할 수 있으나, 거버넌스와 관련된 요소들은 간과하는 경향이 있다Hawchar et al., 2020. 취약성 지수는 사회경제적 영향의 존재 여부를 파악하는 데 유용하지만, 이에 대응하는 정책의 효과성에 대해서는 평가하지 못하는 한계를 지닌다Tanir et al., 2024; Wehbe & Baroud, 2024. 제도적 분석 및 개발IAD 프레임워크는 제도적 조정, 이해관계자 간 역학, 정책 효과성 등에 대한 구조화된 다층적 분석을 제공함으로써 기존의 분석 접근법이 간과한 부분을 보완한다. 따라서 IAD는 기후변화 적응 과정에서의 거버넌스 문제를 평가하는 데 특히 유용한 도구로 간주한다. 이 프레임워크는 Polski와 Ostrom 1999 에 의해 개발되었으며, 복잡한 제도적 배열과 이들이 정책 결과에 미치는 영향을 체계적으로 분석할 수 있는 틀을 제공한다. 이 구조적 접근은 정책 결과에 직접적인 이해관계를 가진 다양한 참여자들을 분석에 통합함으로써, 정책 실패를 초래할 수 있는 간과나 단순화를 최소화하는 데 기여한다Polski & Ostrom, 1999.

Vitale와 Meijerink2023는 IAD 프레임워크를 적용하여 이탈리아의 도시 홍수 문제를 분석하였으며, 이들은 정책의 안정성에 영향을 미치는 제도적·맥락적 요인을 중심으로 연구를 수행하였다. 그 결과, 홍수 위험 정책의 역사적 경로 의존성과 중앙집권적 구조가 통합적 접근으로의 전환을 저해하는 요인으로 작용하고 있음을 밝혀냈다. 이러한 사례는 IAD가 "제도가 작동하고 변화하는 방식"을 분석하는 데 효과적인 도구임을 보여준다Roggero et al., 2018. IAD의 세 가지 핵심 구성 요소인 외생 변수, 행동 영역, 그리고 결과는 홍수 완화 및 적응 전략에 대한 포괄적 평가를 가능하게 한다.

기후변화 적응에 관한 학술 문헌에서는 IAD 프레임워크가 제도적 요인이 기후 적응 과정에 어떤 영향을 미치는지를 구조적으로 평가할 수 있을 뿐만 아니라, 집합적 선택 체계와 공공 행위자들의 적응 과정을 반영할 수 있다는 점에서 유용한 분석 도구로 널리 인정받고 있다Roggero et al., 2018. 특히 Molenveld와 Buuren2019은 네덜란드의 홍수 위험 거버넌스를 IAD를 통해 분석하였으며, 이를 통해 네덜란드의 거버넌스 구조가 기존의 예방 중심적 홍수 관리에서 더욱 적응적인 회복력 기반 전략으로 전환되어 온 과정을 조명하였다. 이 연구는 IAD를 적용함으로써 적응적 거버넌스 달성을 저해하는 주요 요인으로 단편화된 의사 결정 구조와 제도적 관성 등을 식별하였으며, 홍수 위험 관리를 보다 적응적으로 설계하려면 다중 이해관계자 기반의 거버넌스가 필수적이라는 점을 강조하였다.

더 나아가 IAD 프레임워크는 기후변화 환경에서의 재정적 지속가능성을 탐색하는 데에도 적용되었다. 예를 들어, Mok2023는 IAD를 활용하여 제도적 배열이 재정적 지속가능성에 어떤 영향을 미치는지를 분석하였다. 그는 지속가능성을 금융시장에 통합하는 데 있어 규제 정책과 인재 관리의 중요성을 강조하였으며, 기후변화 대응 정책과 시장 규제가 제도적 역량, 투자 흐름, 그리고 위험 관리 전략에 어떤 방식으로 영향을 미치는지를 IAD를 통해 분석하였다. 이러한 분석은 IAD가 기후 관련 도전 속에서 장기적인 재정 안정성을 달성하기 위해 지속 가능한 금융 인재를 육성해야 할 필요성을 강조하고 있음을 보여준다.

유사하게, Kiesling2024은 IAD 프레임워크를 적용하여 기후변화 환경에서 전력 부문의 재정적 지속가능성을 분석하였다. 해당 연구는 규제의 경직성과 낡은 금융 모델이 저탄소 및 분산형 에너지 기술에 대한 투자를 저해하고 있음을 강조한다. IAD 적용을 통해, 기존의 금융 메커니즘이 기후 지향적 에너지 전환을 충분히 지원하지 못하는 구조적 문제를 밝혀냈다. 이에 따라 Kiesling2024은 지속 가능한 에너지 투자를 촉진하기 위해 제도적 정책을 기후 목표 및 기술 발전과 정렬시키는 것이 중요하다고 주장한다.

이러한 배경 하에, 본 연구는 호찌민시HCMC의 홍수 복원력 전략을 분석하기 위해 IAD 프레임워크를 적용하며, 제도적 조정, 정책 설계, 지역 참여를 통합하는 적응적 홍수 복원력 전략의 필요성을 강조한다<그림1>. 본 연구에서 활용된 IAD는 호찌민시의 도시 홍수 복원력 구축 노력에 영향을 미치는 거버넌스 구조, 이해관계자 간 상호작용, 그리고 제도적 제약을 체계적으로 평가할 수 있는 역량을 기반으로 한다. 정부 정책, 지역사회 참여, 인프라 개발을 포괄하는 홍수 완화의 복합적 특성을 고려할 때, IAD는 홍수 거버넌스의 효과성을 평가하기 위한 통합적 관점을 제공한다.

도시 홍수 회복력에 대한 IAD 프레임워크의 적합성과 관련하여, 이 프레임워크는 도시 홍수 거버넌스 체계 내에서 공식적·비공식적 제도들이 어떻게 상호작용하는지를 심층적으로 탐색할 수 있도록 한다Polski & Ostrom, 1999. 호찌민시의 맥락에서 홍수 완화는 단순히 중앙정부의 하향식 지침에 의해 결정되는 것이 아니라, 지역구의 정책, 국제 기금 지원 기관, 지역 기반 적응 조치 등 다양한 행위자에 의해 복합적으로 영향을 받는다Vitale & Meijerink, 2023. IAD를 적용함으로써 본 연구는 이러한 다양한 행위자 간의 조정혹은 그 부재 과정을 분석하고, 효과적인 정책 이행을 저해하는 제도적 간극을 식별하고자 한다. 위험 평가는 주로 홍수 발생의 시기와 장소에 따른 확률 및 잠재적 영향을 분석하는 데 초점을 맞추지만, 회복력 평가는 제도, 도시 시스템, 그리고 지역사회가 기후로 인한 교란에 얼마나 효과적으로 적응하고 회복할 수 있는지를 평가한다Marolla, 2024. 예측 중심의 위험 평가와 달리, 회복력 평가는 장기적 적응 전략과 거버넌스의 효과성을 통합적으로 고려함으로써 홍수 완화 노력의 지속가능성 전반에 영향을 미치는 중요한 평가 도구로 작용한다.

따라서 본 연구는 중하위 소득 국가인 베트남 호찌민시의 기후 회복력 구축 과정에서 도시 홍수 완화 및 적응 정책의 효과성을 분석하기 위해 정성적 분석을 활용한다. 이를 위해 도시 홍수 및 기후변화와 관련된 국가 정책, 기존 문헌, 정부 보고서, 정책 문서를 종합적으로 검토하여 주요 국가 정책 및 프로그램의 결과를 평가한다. 아울러 시간 경과에 따른 홍수 발생 빈도와 강도의 변화, 배수 시스템의 개선 등과 같은 정량적 지표

또한 분석에 포함하여 호찌민시의 적응 노력 수준을 보다 구체적으로 파악하고자 한다. 이를 통해 본 연구는 호찌민시의 도시 홍수 회복력을 형성하는 데 있어 제도적, 사회경제적, 환경적 요인 간의 상호작용에 대한 통찰을 제공하는 것을 목표로 한다.

그림 1 | 호찌민시 맥락에서 개발된 제도적 분석 및 개발(IAD) 프레임워크

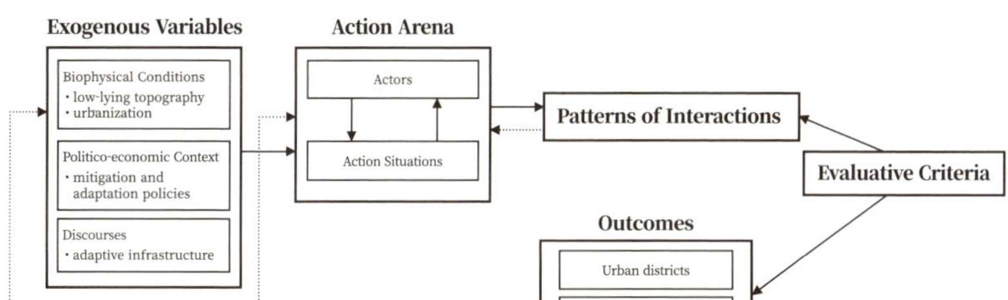

출처: 저자 작성. Polski & Ostrom(1999), Vitale & Meijerink(2023)을 참고하여 재구성함.

IAD 프레임워크 내에서 외생 변수는 생물물리학적 특성biophysical characteristics, 사회경제적 불균형socioeconomic disparities, 정책 결정policy decisions, 그리고 개입 조치 등으로 구성되며, 이는 호찌민시의 홍수 취약성과 거버넌스 효과성에 직접적인 영향을 미치는 요소들을 기준으로 선정되었다. 호찌민시는 저지대 지형과 열대기후로 인해 홍수 위험이 심화하고 있으며 Duy et al., 2018, 사회경제적 격차는 적응 역량에 영향을 미친다Truong et al., 2022. 또한, 분절된 거버넌스 구조는 정책 실행에 부정적인 영향을 미치고 있다 Vitale & Meijerink, 2023; Phi et al., 2015. 본 연구는 IAD를 활용하여 이러한 제도적 간극을 분석하며, 이는 기후 적응 조치 및 회복력 구축 전략을 평가하는 데 있어 IAD의 역할을 강조한 Roggero et al. 2018의 관점과도 일치한다.

행동 영역은 정책 결정 또는 실행 과정에 참여하는 다양한 이해관계자 간의 상호작용에 초점을 맞춘다. 주요 행위자에는 홍수 완화 및 적응 정

책을 개발하고 실행하는 정부 관계자, 구district 단위의 지방행정 당국, 도시 계획 전문가뿐만 아니라, 옹호 캠페인 및 지역사회 기반 회복력 프로그램을 추진하는 국제기구IOs 등이 포함된다. 베트남의 도시 홍수 거버넌스는 국가 정책, 시 정부, 구 단위 이니셔티브가 상호작용하는 다층적 거버넌스 구조에 의해 형성된다Phi et al., 2015.

IAD는 이러한 다층적 거버넌스 체계를 분석하는 데 유용하며, 다양한 수준에서의 정책 결정이 서로 어떻게 조율되거나 충돌하는지를 구조적으로 평가할 수 있는 방법론을 제공한다Vitale & Meijerink, 2023. 이탈리아의 홍수 정책에 IAD를 적용한 사례는 호찌민시에도 시사점을 제공하는데, 양국의 지역별 지형 차이해양, 하천, 산악지대 등는 존재하지만, 호찌민시 역시 홍수 관리에 있어 국가 정책에 상당히 의존하고 있다는 점에서 유사성이 존재한다. 그 결과, 이탈리아의 도시들과 마찬가지로, 호찌민시 내에서도 도심 지역과 농촌 지역 간에 회복력 전략의 내용과 효과가 크게 상이하게 나타나며, 이는 종종 불균등한 정책 결과로 이어진다Duy et al., 2019.

본 연구에서의 상호작용 양상은 정부 기관, 시 당국, 국제 기구, 지역 공동체 등 주요 이해관계자 간의 조정 과정을 의미하며, 이는 호찌민시의 홍수 완화 및 적응 정책을 효과적으로 실행하는 데 중요한 역할을 한다. Vitale와 Meijerink2023는 분절된 거버넌스 구조가 회복력 강화 노력을 저해할 수 있음을 지적하며, 정책의 효과성을 결정짓는 핵심 요소로 다층적 제도 간 조정의 중요성을 강조한다. 이에 따라 본 연구는 호찌민시의 홍수 회복력 전략이 제도적 조정과 거버넌스 구조에 의해 어떻게 영향을 받는지를 분석하고자 한다. 또한, 본 연구의 평가 기준은 제도적 적응성, 정책 효과성, 그리고 회복력 성과에 초점을 맞춘다. 제도적 적응성은 거버넌스 구조가 기후변화 적응을 도시계획에 얼마나 잘 통합하고 있는지를 기준으로 평가되었다. 정책 효과성은 정책의 실행 성공 여부, 이해관계자 참여 수준, 그리고 재정적 지속가능성을 포함한다. 본 연구는 호찌민시 내 홍수 피해를 입은 도시 지역과 준도시 지역을 비교함으로써 홍수 회복력 성과를 평가한다. 이러한 비교는 도시 홍수 정책이 서로 다른 거버넌스 구조Dieperink et al., 2018; Kinyanjui, 2024, 인프라 조건, 도시화 가속화로 인해 실행되기 때문에 중요하다.

완전히 도시화한 지역은 일반적으로 잘 구축된 홍수 방지 인프라를 갖추고 있을 것으로 기대되지만, 실제로는 반드시 그렇지만은 않다. Francisco et al.2023는 일부 고밀도 도시 지역에서도 노후화되었거나 불충분한 배수 시스템으로 인해 여전히 홍수가 발생하고 있으며, 이는 해당 지역이 극한 기상 현상에 취약하게 만든다고 지적한다. 이와 유사하게 Moon et al.2024는 급속한 도시 성장이 인프라 개발 속도를 초과함으로써, 이미 정착된 도시 내에서도 홍수 완화 조치에 있어 구조적인 결함이 발생할 수 있음을 주장한다.

그런데도 준도시 지역은 일반적으로 도시 지역에 비해 상대적으로 효과적인 배수 시스템을 갖추고 있지 않으며, 이는 인프라에 대한 낮은 투자 수준이나 분산된 홍수 관리 체계 등과 같은 요인에 기인한다. 본 연구는 도시 지역과 준도시 지역을 모두 분석함으로써, 홍수 복원력 정책의 효과성을 포괄적으로 평가하고, 다양한 도시 환경에서 나타나는 전략의 약점과 상이한 영향을 규명하고자 한다. 이러한 접근은 정책 권고안이 고도로 도시화한 지역과 도시화가 진행 중인 지역 모두의 필요를 반영할 수 있도록 하여, 호찌민시의 전반적인 홍수 관리 체계를 개선하는 데 기여할 수 있다.

따라서 IAD는 정치적·경제적 맥락을 포괄하는 분석 틀로서, 호찌민시의 홍수 관리 전략에 기후 회복력 요소가 어떻게 통합되고 있는지를 거버넌스 구조를 통해 평가할 수 있도록 한다. IAD를 적용함으로써, 제도적 제약 요인을 밝혀내고, 이를 바탕으로 정책 결정자들이 도시 홍수 회복력을 강화하기 위한 맥락 기반의 적응 전략을 수립할 수 있는 통찰을 제공한다Polski & Ostrom, 1999.

데이터 수집 및 선택

본 연구는 호찌민시HCMC의 기후 회복력 전략을 분석하기 위해 국가 및 지역 수준에서 수집된 홍수 관리 및 기후 적응 프레임워크와 관련 정책 문서를 정성적으로 평가하였다. 분석에 포함된 자료는 2000년부터 2023년까지의 기간에 시행된 홍수 완화 및 적응 정책과 호찌민시의 도시 및 농촌 지역에의 적용 가능성을 기준으로 선별되었다. 국가 정책 문서 외에도, 호찌민시 인민위원회HCMC People's Committee, 베트남 자연 자원 환경부MONRE 등 정부 기관 보고서와 UNDP, 세계은행World Bank 등 국제기구의 자료, 그리고 학술 연구 결과가 기후 회복력, 특히 홍수 완화 및 적응과의 관련성과 신뢰성을 바탕으로 활용되었다.

또한 홍수 취약 지역의 사회경제적 취약성과 회복력을 이해하기 위해 정성적 및 정량적 자료를 함께 분석하였다. 사회경제적 차원에서는 홍수에 취약한 계층의 특성과 대응 역량을 분석하였으며, 정량적 자료로는 강우 강도 및 빈도 추세, 도시화 및 토지 이용 변화에 대한 데이터를 추적하여 도시 홍수 회복력에 영향을 미치는 환경 조건을 평가하였다. 본 분석은 Vitale와 Meijerink2023가 제안한 IAD 프레임워크를 바탕으로 수행되었으며, 이를 통해 제도적 배열 및 정책 과정에 대한 포괄적인 검토가 가능하였다. 분석 기간은 호찌민시의 도시 개발과 홍수 관리 정책에서 중요한 전환점을 이룬 2000년부터 2023년까지로 설정하였다.

다음의 〈표 1〉은 본 논문에서 분석한 주요 정책 이니셔티브를 나타낸다. 2000~2023년에 호찌민시HCMC의 맥락에 적용 가능한 도시 홍수 위험 저감을 위한 8개의 국가 차원의 정책 노력이 도입되었다<표 1>. 우선, 일본국제협력기구JICA의 지원을 받아 수립된 제1차 종합 개발계획2001은 우수 배수 시스템과 매립지 개선을 목표로 하였다. 전체 홍수 조절 프로젝트 중 약 40%가 15년 내 완료되었으며, 특히 도심 지역에서 유의미한 개선 효과가 관찰되었다Phi et al., 2015. 이후 2008년에는 기후변화 대응 국가표적프로그램NTP-RCC이 도입되었으며, 이는 기후 적응형 도시 계획, 홍수 회복력 있는 주거지 조성, 재난 예방 대책 등에 중점을 두었다베트남 자연 자원 환경부, 2008. 이어 2012년부터 2022년까지는 응우옌떤중Nguyen Tan Dung 총리가 제안한 기후변화 국가행동계획NAPCC이 추진되었다. 본 계획은 온실가스 감축, 기후 모니터링 및 조기 경보 시스템 강화, 홍수 조절 사업, 인프라 개선 및 기술 지침을 통한 도시 홍수 완화 등을 주요 목표로 설정하였다Nguyen, 2012. 이 시기 동안 호찌민시는 이러한 정책의 우선 적용 지역으로 지정되었다.

2023년에는 베트남의 홍수 대비 프로그램Flood Proofing Program의 제2단계로서 메콩 도시 홍수 회복력 및 배수 프로그램Mekong Urban Flood Resilience and Drainage Program이 시행되었으며, 이는 호찌민시를 포함한 메콩 삼각주 지역의 도시 홍수 회복력 강화를 목표로 하고 있다. 본 프로그램은 스위스 경제국SECO의 재정 지원을 받고, 독일 국제 협력 공사GIZ에 의해 실행되었으며, 홍수 위험 분석, 배수 계획, 재해 위험 관리의 통합을 통해 도시 주거지와 생계를 보호하는 데 중점을 두었다GIZ, 2017. 동 시기에는 호찌민시 도시 홍수 위험 관리 프로젝트HCMC Flood Risk Management Project도 추진되었으며, 이는 2014년 제정된 환경 보호법에 따라 설립된 호찌민시 도시 홍수 통제 프로그램 중앙 지휘 센터HCMC Steering Center of the Urban Flood Control Program 주도로 시행되었다. 이 프로젝트는 세계은행World Bank 기준에 부합되도록 설계되었으며, 주요 도시 지역의 배수 시스템과 홍수 회복력 강화를 목표로 하였고, 이는 베트남의 환경보호 및 빈곤 완화라는 보다 광범위한 국가 목표와도 연계되어 있다.

증가하는 홍수 위험을 인식한 베트남 정부는 2017년과 2020년에 걸쳐 자연재해 예방, 대응 및 저감에 관한 국가전략National Strategy for Natural Disaster Prevention, Response, and Mitigation을 도입하였다. 본 전략은 지속 가능한 사회경제적 발전과 국가 안보 확보를 위한 핵심 과제로 도시 홍수 관리 강화를 우선시하였으며, 기상 예측 역량 개선, 재해 위험 지역 주민의 이전, 물 저장 시스템 및 도시 녹지와 같은 녹색 인프라의 통합을 주요 내용으로 포함하고 있다Vietnam Government, 2021. 또한, 2019년에는 자연재해 예방 및 통제에 관한 법률Law on Natural Disaster Prevention and Control이 제정되어 정부 기관, 조직, 개인의 재해 예방 책임을 명확히 규정하였다. 이 법률은 자연재해 예방 전략의 10년 주기 개정을 의무화하고 있으며, 지방 차원의 재난 대응 계획에는 기후변화 위험 평가를 반드시 포함하도록 규정하고 있다.

도시 홍수 완화에 있어 가장 최근의 정책 발전은 2021년에 도입된 2030년까지의 자연재해 예방, 대응 및 저감 국가 전략NDPRM 2030이다. 이 장기 전략은 2011~2020년 기간의 NDPRM 2020과 비교하여 홍수로 인한 인명 피해를 50% 감소시키는 것을 포함한 야심 찬 목표를 설정하고 있으며, 예보 및 조기 경보 역량 강화, 지역사회 기반 재난 대비 능력 제고를 주요 목표로 제시하고 있다. 또한, NDPRM 2030은 모든 정부 기관이 포괄적인 재난 예방 교육을 이수하도록 하고, 국가 및 지역 차원의 재난 예방 데이터베이스를 완비하는 것을 목표로 한다. 홍수 위험에 대한 인식 제고와 홍수 피해를 줄이기 위한 사전적 조치의 이행 또한 중점 과제로 포함되어 있다Vietnam Government, 2021. 이와 같은 일련의 정책 및 이니셔티브는 구조적·비구조적 조치, 국제 협력, 그리고 장기적인 기후 완화 및 적응 전략을 통합하는 방식으로 호찌민시의 도시 홍수 회복력 관리에 대한 베트남 정부의 접근이 점차 진화하고 있음을 보여준다.

표 1 | 베트남의 도시 홍수 완화를 위한 주요 국가 정책, 프로그램 및 전략

	유형	이름	국내 이행 기관	국제 협력 기관	연도	개혁
1	국가 전략	First Master Plan	Japan International Cooperation Agency (JICA)	Japan International Cooperation Agency (JICA); World Bank; Asian Development Bank (ADB)	2001	예
2	국가 프로그램	National Target Program to Respond to Climate Change by the Ministry of Natural Resources and Environment	Ministry of Natural Resources and Environment	n/a	2008	아니요
3	국가 정책	National Action Plan on Climate Change (2021-2020) of Vietnam	Prime Minister, Nguyen Tan Dung	n/a	2012	아니요
4	국가 프로그램	Mekong Urban Flood Resilience and Drainage Program	Ministry of Construction of Vietnam (MoC)	German Agency for International Cooperation (GIZ); Swiss State and Secretariat for Economic Affairs (SECO)	2013	아니요
5	국가 프로젝트	HCMC Flood Risk Management Project	HCMC Steering Center of the Urban Flood Control Program	World Bank (WB)	2015	아니요
6	국가 전략	National Strategy for Natural Disaster Prevention, Response, and Mitigation to 2020 (NDPRM 2020)	Vietnamese Government	United Nations Development Program (UNDP); World Bank (WB); Asian Development Bank (ADB)	2017	예
7	국가 법률	Law on Natural Disaster Prevention and Control	The National Assembly	n/a	2019	아니요

	유형	이름	국내 이행 기관	국제 협력 기관	연도	개혁
8	국가 전략	National Strategy for Natural Disaster Prevention, Response, and Mitigation to 2030 (NDPRM 2030)	Vietnamese Government	United Nations Development Program (UNDP); World Bank (WB); Asian Development Bank (ADB)	2021	아니요

출처: 저자 작성

호찌민시HCMC의 기후 회복력에 대한 제도적·사회경제적·환경적 차원

제도적 역량은 기후 회복력의 핵심 결정 요인이지만, 최근 연구에 따르면 호찌민시는 효과적인 대응을 저해하는 거버넌스의 문제에 직면하고 있다. Phuong et al. 2018의 연구는 다양한 행정 수준의 정부 관계자들과의 정성적 인터뷰를 통해 이러한 문제를 분석하였다. 연구 결과에 따르면, 정책 결정자들이 기후변화 적응 조치를 조정하는 데 있어 적극적으로 책임을 지려고 하지 않는 일종의 '정책 마비policy paralysis' 현상이 존재하는 것으로 나타났다.

사회경제적 취약성은 제도적 역량과 상호작용하며 도시가 홍수에 얼마나 회복력 있게 대응할 수 있는지를 결정짓는 데 중요한 역할을 한다. 베트남과 같이 인구밀도가 높은 중하위 소득 국가에서는, 도시 중심부가 일반적으로 '저층 주거 구조low-rise housing structures'로 구성되어 있으며Storch et al., 2013, 이러한 도시 구조는 홍수 발생 시 오염 및 질병 노출 위험을 증가시킨다. 이는 홍수가 주거 공간 내부로 쉽게 침투할 수 있어 수인성 질병의 확산으로 이어질 가능성이 크기 때문이다Givental, 2014.

이러한 취약성은 특히 기후변화에 크게 노출된 호찌민시 외곽 지역에서도 나타난다. Truong et al. 2022는 16개 코뮌communes, 가장 하위 행정 단위을 대상으로 취약성을 분석하였으며, 이 중 가장 취약한 지역은 저지대이면서 하천과 가까운 강변 코뮌으로 나타났다. 상대적으로 낮은 사회경제적 조건을 가진 가구들이 이러한 지역에 집중되어 있었으며, 이들의 취약성을 높인 핵심 요인 중 하나는 주민들의 낮은 교육 수준이었다. 이는 공식적·비공식적 기술 습득을 모두 제한하며, 궁극적으로는 기후 적응 역량을 저해하는 결과로 이어진다. 이러한 교육 격차는 재난 대비를 위한 핵심 지식 및 정보 접근을 어렵게 만들어, 가구 단위의 회복력을 약화시키는 결정적 요소로 작용한다.

이러한 어려움에도 불구하고, 저소득 도시 가구에 거주하는 여성들은 홍수 위험에 대해 뚜렷한 회복력을 보여주고 있다. 제한된 자원과 고용 기회 속에서도 이들은 가사 관리, 생계 활동, 홍수 대비 등의 다양한 역할을 수행하며, 가족과 주거지를 보호하는 데 핵심적인 역할을 한다Tran & Downes, 2023. 여성들은 임시 방벽 설치, 모래주머니 사용 등과 같은 자발적 조치를 통해 홍수 피해를 줄이기 위한 노력을 실천하고 있다. 또한, 호찌민시에는 여성연맹Women's Union, 청년연맹Youth Union, 참전용사회Veteran Unions 등 기후 회복력을 중심으로 활동하는 지역사회 기반 조직들이 풍부하게 존재하며, 이 중 500여 개의 여성 주도 기후 관련 클럽이 활동하고 있다. 이러한 조직들은 홍수 관련 정보에 대한 접근성을 높이고, 지역사회 주도의 회복력 향상 노력을 촉진하는 데 중요한 역할을 수행하고 있다. 그러나 이와 같은 이니셔티브의 장기적 지속가능성은 제도적 재정 지원 부족으로 인해 위협받고 있으며, 이는 회복력 강화를 위한 정책적 기반이 여전히 미흡하다는 것을 시사한다. 제도적 지원의 공백은 지역사회 차원의 자생적 노력에만 의존하는 구조를 고착화할 수 있으며, 지속 가능한 도시 회복력을 달성하려면 공식 제도와 지역 조직 간의 연계 강화를 위한 정책적 개입이 필요하다.

관련 맥락에서, 사회경제적 요인이 홍수 취약성을 높이는 것은 분명하지만, 최근 연구들은 제도적 요인이 오히려 사회경제적 조건보다 홍수 회복력을 결정짓는 데 더 중요한 역할을 할 수 있음을 시사하고 있다. Tu et al. 2024의 연구는 호찌민시의 도시, 준도시, 농촌 지역을 대표하는 4개 구역을 대상으로, 가구 수준의 홍수 취약성을 분석하였다. 연구 결과에 따르면, 가구의 취약성과 홍수 노출 간의 상관관계는 약하게 나타났으며, 이는 사회경제적 요인만으로는 홍수 노출을 충분히 설명할 수 없다는 점을 의미한다. 그런데도 도시 지역은 농촌 지역에 비해 더 높은 홍수 위험에 직면하고 있었는데, 이는 급속한 도시화로 인한 결과로 해석된다. 이러한 도시-농촌 간의 홍수 취약성 격차는 정부 각 수준에서의 기후 적응 노력의 분절성과 민간 부문의 기후 적응 투자 부족이 여전히 지속되고 있음을 보여준다Tu et al., 2024; Phuong et al., 2018. 이는 홍수 회복력 강화를 위해 단순한 사회경제적 지원을 넘어, 제도적 조정, 정책 일관성, 그리고 민간 부문 참여를 포괄하는 통합적 접근이 필요함을 시사한다.

제도적·사회경제적 요인과 더불어, 환경적·생물물리학적 특성 또한 호찌민시HCMC의 홍수 취약성에 중대한 영향을 미치고 있다. 베트남 수문 기상자료 센터Center for Hydro-Meteorological Data of Vietnam에 따르면, 지난 30년간 100mm를 초과하는 집중호우 발생 빈도가 많이 증가하였으며, 2009년 5회였던 강우 이벤트는 2018년에는 20회에 달한 것으로 보고되었다Wu et al., 2021; Ho et al., 2014. 호찌민시의 도시 홍수 취약성에 대한 공간 분석 결과, 시 전체에 걸쳐 지역별 편차가 뚜렷하게 나타났으며, 특히 도심 및 북동부 지역이 높은 취약성을 보였지만, 서부 지역은 상대적으로 낮은 취약성을 보였다Wu et al., 2021. 또한, 지반 침하는 도시 홍수 취약성을 심화시키는 또 하나의 환경적 요인으로 지목되고 있다. Long과 Ho2007는 호찌민시를 포함한 동남아시아 여러 도시에서의 지반 침하율을 비교한 연구에서, 연간 2cm 이상의 침하율은 심각한 수준으로 간주하며, 이에 대한 긴급한 적응 조치가 필요하다고 지적한다. 실제 호찌민시의 6군, 빈떤군Binh Tan, 8군 등의 관측 지점에서는 연간 5cm에서 최대 27.6cm에 이르는 지반 침하가 보고되었다. 이와 같은 홍수 취약성의 공간적 분포는 지형, 배수 인프라, 도시 개발 패턴과 같은 환경 요인들이 지역별로 상이하게 작용하고 있음을 시사하며, 도시 전역에 걸쳐 차별화되고 지역 맞춤형 홍수 회복력 전략이 필요함을 강조한다.

분석

호찌민시HCMC의 도시 개발 및 홍수 관리 접근 방식은 지난 20여 년 동안 크게 진화해왔다. 2000년대 초반은 급격한 도시화 및 산업화가 본격적으로 시작된 시기로, 당시에는 장기적인 홍수 위험보다는 부동산 개발 계획이 우선시되는 경향이 강했다. 이러한 상황 속에서, 2001년 호찌민시는 일본국제협력기구JICA의 지원을 받아 수립된 제1차 홍수 예방 종합계획First Master Plan for Flooding Prevention을 도입하였으며, 이는 홍수 방지 기능 강화와 도시 개발 관리를 동시에 목표로 한 최초의 정책적 시도였다.

또 하나의 주요 전환점은 2013년에 발생하였으며, 세계은행World Bank과 글로벌녹색성장연구소GGGI가 도입한 강건한 의사 결정Robust Decision Making, RDM모델이 적용되면서 베트남은 처음으로 첨단 의사 결정 지원 도구를 홍수 관리에 도입하게 되었다Lempert et al., 2013. 이어 2016년에는 제1단계 홍수 예방 종합계획Master Plan for Flooding Prevention Phase 1과 도시 홍수 통제 프로젝트Urban Flood Control Project가 본격적으로 시작되었으나, 이 야심 찬 프로젝트는 재정 자본 부족 시공업체의 책임 문제 등으로 인해 2018년부터 2020년까지 일시 중단되었다. 이후 2021년에는 중앙정부가 본 프로젝트의 재개를 명시하는 결의안을 발표하였고, 현재 호찌민시는 메콩 도시 홍수 회복력 및 배수 프로그램Mekong Urban Flood Resilience and Drainage Program을 통해 관련 사업을 점진적으로 시행하고 있다Lee et al., 2023.

외생 변수Exogenous Variables

호찌민시HCMC의 홍수 위험은 생물물리학적·사회경제적·제도적 요인이 복합적으로 작용하여 거버넌스 대응 및 완화·적응 조치에 영향을 미친다. 생물물리학적 지리 측면에서, 호찌민시는 저지대 지형과 해수면 상승에 대한 노출, 그리고 급속한 도시 확장으로 인해 도시 홍수에 대한 높은 노출도를 보인다. GIS 기반의 홍수 위험 지도와 시 당국의 수문학 보고서에 따르면, 7군District 7, 냐베Nha Be, 깐지오Can Gio지역이 특히 높은 홍수 취약 지역으로 분류되며, 이들 지역은 도시화 과정에서 자연 배수 체계가 교란되면서 침수 위험이 더욱 심화하고 있는 것으로 나타난다Duy et al., 2018.

계절성 몬순 홍수 역시 기존 배수망의 역량 부족으로 인해 악화하고 있으며, 이는 특히 급속히 개발 중인 지역에서 표면 유출수 증가를 효과적으로 처리하지 못하고 있기 때문이다Ho et al., 2014; Long & Ho, 2007. Scheiber et al. 2023 또한, 저지대 해안 지역이 도시화, 기후변화, 그리고 열악한 인프라 품질이라는 복합적인 압력으로 인해 홍수에 대한 취약성이 더욱 증가하고 있다고 지적한다. 이러한 지역에서는 단순한 환경적 요인뿐만 아니라, 지하수 과잉 추출, 지반 침하와 같은 인위적 요인 역시 도시 홍수 취약성을 심화시키는 핵심 요소로 작용하고 있다. 즉, 자연 및 인간 활동의 복합적 영향이 중첩되면서, 호찌민시의 특정 지역은 지속적인 침수 위험에 노출되어 있으며, 이는 보다 통합적이고 지역 맞춤형의 회복력 전략이 필요함을 시사한다.

사회경제적 격차는 호찌민시 내 구역별 홍수 회복력의 불균형을 더욱 심화시키는 주요 요인으로 작용하고 있다. Tu et al.2024의 연구에 따르면, 빈짜인Binh Chanh 및 냐베Nha Be와 같은 준도시peri-urban 지역의 저소득층 주민들은 정부 주도의 홍수 완화 프로젝트에 접근하는 데 상당한 어려움을 겪고 있다. 반면, 1군District 1 및 3군District 3과 같은 상대적으로 부유한 지역은 지하 배수 시스템과 조수 제방tidal embankments 등 대규모 인프라 투자의 혜택을 받고 있다Tu et al., 2024; Ho et al., 2014; Long & Ho, 2007. 이와 달리 저소득 지역 주민들은 비공식적인 방식의 자구 노력-예를 들어 임시 홍수 방벽 설치, 고지대로의 자가 이주 등-에 의존하고 있다. 또한, 여성 가장 가구 및 사회적 소외 계층은 재정 지원이나 적응 지원 프로그램에 대한 접근성도 현저히 낮은 것으로 나타났다Tran & Downes, 2023. 이러한 결과는 홍수 완화 및 적응 정책의 효과성이 단순히 기술적 요소나 제도적 설계에 국한되지 않으며, 경제적 불평등과 사회적 취약성에 의해 실질적으로 좌우되고 있음을 보여준다. 따라서 포괄적이고 형평성 있는 기후 회복력 전략 수립을 위해서는 다양한 계층과 지역의 접근성을 고려한 정책 설계가 필수적이다.

제도적 차원에서 베트남의 홍수 위험 관리 전략은 점차 진화해 왔으며, 기후변화 고려 요소를 국가 및 지방 거버넌스 프레임워크에 통합하려는 노력이 지속되고 있다. NDPRM2020 자연재해 예방·대응·저감 국가전략은 예보 시스템 개선과 홍수 방지 인프라 업그레이드를 본격적으로 추진하였으며, 홍수 위험을 평가하기 위한 구역 지정 지도zoning maps 또는 계획 수립 등의 도구 도입을 포함하고 있다Vietnam Government, 2007. 또한 이 전략은 메콩강 삼각주 지역을 대상으로 홍수 예보 및 조기 경보 역량 강화, 침식 위험 지역의 관리 강화 등 보다 지역 맞춤형 프로그램을 병행하였다. NDPRM 2020은 아울러, 각 지역의 지리적·사회경제적 조건에 부합하는 해안 제방sea dike강화 사업을 포함한 구조적 대응 계획도 제시하며, 호찌민시의 여러 구역에 적용할 수 있는 차등적 홍수 관리 방안을 마련하였다. 그러나 이러한 전략의 이행 과정에서는 몇 가지 실행 상의 한계가 드러났다. 예를 들어, 해안 제방 개선과 같은 일부 사업은 2007~2015년과 같이 명확한 기간이 설정되어 있었던 반면, 보다 광범위한 홍수 관리 이니셔티브는 명확한 기한 없이 시행되어 실행력과 정책 모니터링 측면에서 일관성이 없는 측면이 있었다Vietnam Government, 2007. 이는 정책의 지속성과 평가 체계 마련에 있어 보완이 필요한 지점임을 시사한다.

이러한 정책적 기반 위에서, NDPRM 2030 2030년까지의 자연재해 예방·대응·저감 국가전략은 보다 포괄적이고 적응적인 기후 회복력 프레임워크를 제시하며 기존 전략을 한층 발전시켰다. NDPRM 2020이 구조적 조치에 중점을 둔 것과 달리, NDPRM 2030은 비구조적 조치를 우선시하며, 예를 들어 국가, 지역, 지방정부 간 조정 강화를 위한 데이터베이스 구축을 핵심 수단으로 설정하고 있다. 또한, NDPRM 2030은 회복력 제고를 위한 정량적 목표를 명확히 제시하고 있으며, 그 예로는 2011~2020년 대비 급류로 인한 인명 피해를 50% 감축하고, 전 정부 기관, 조직, 가구의 100%가 자연재해 예방 교육을 이수하도록 하는 목표가 포함되어 있다. 이 전략은 더불어 도시 홍수 위험에 대응하고자 기후 회복력 강화를 위해 보다 투명하고 일관된 정책 프레임워크의 필요성을 강조하고 있으며, 기존의 단편적 접근을 넘어 종합적이고 체계적인 정책 실행을 유도하고자 한다Vietnam Government, 2021. NDPRM 2030은 향후 베트남 도시의 지속가능성과 기후 복원력 확보를 위한 정책적 전환점으로 평가된다.

이러한 정책적 진전에도 불구하고, 거버넌스의 분절성과 재정적 제약은 여전히 호찌민시에서 효과적인 정책 실행을 가로막는 주요 장애 요인으로 남아 있다. 예를 들어, Phi 외2015는 국가 차원의 홍수 위험 정책과 지방성 및 구 단위 수준에서의 실행 간 불일치 문제를 지적한다. 연구 결과에 따르면, 자연 자원 환경부MONRE, 호찌민시 인민위원회HCMC People's Committee, 각 구청district authorities 등 복수의 기관이 서로 연계 없이 독립적으로 운영되고 있으며, 이로 인해 부처 간 조정의 어려움과 역할 중복이 발생하고 있다. 이러한 분절된 행정 구조는 정책의 일관성과 실행력을 저해하며, 도시 홍수 위험에 대한 종합적이고 통합적인 대응을 어렵게 만드는 핵심 제도적 한계로 지적된다.

더불어, 예산 제약 또한 대규모 홍수 회복력 강화 프로그램의 추진을 저해하는 주요 요인으로 작용하고 있다. 예를 들어, 2016년 호찌민시 홍수 방지 종합 계획HCMC Flood Control Master Plan은 광범위한 인프라 구축을 제안하였으나, 재정 부족으로 인해 2018년에 중단되었으며, 이는 이러한 이니셔티브의 재정적 지속가능성 한계를 단적으로 보여주는 사례이다. 세계은행World Bank, 일본국제협력기구JICA 등 국제 공여 기관은 재정 지원 및 기술 자문을 제공해 왔지만, Lempert et al.2013은 이러한 외부 자금 지원 프로젝트 중 상당수가 지방 거버넌스 구조에 장기적으로 통합되는 데 어려움을 겪고 있음을 지적하고 있다. 이러한 제도적 과제는 호찌민시의 기후 회복력 강화를 위해 다층적 거버넌스 간 조정 메커니즘 개선, 재정적 지속가능성 확보 방안 마련, 지역 맥락에 기반한 회복력 전략 수립이 필요함을 시사한다. 이는 단기적 대응을 넘어서, 지속할 수 있고 구조적인 도시 홍수 관리 체계를 구축하기 위한 핵심 과제로 이해된다.

행동 영역Action Arena

호찌민시HCMC의 홍수 관리 거버넌스는 다양한 행위자들이 참여하는 다층적 구조로 구성되어 있으나, 국가, 성Province, 그리고 구District 수준의 행정기관 간 조정의 미비는 여전히 효과적인 홍수 회복력 확보를 저해하는 핵심 장애 요소로 남아 있다. 이러한 수직적 협력 부족은 정책의 실행력, 자원 분배의 효율성, 그리고 지역 기반의 적응 전략 개발에 있어 중대한 영향을 미치며, 통합적이고 지속 가능한 홍수 관리 체계 구축을 위한 제도적 개혁의 필요성을 제기한다.

국가 차원에서는 베트남 자연 자원 환경부MONRE와 농업 농촌 개발부MARD가 홍수 관리 정책을 주도하고 있다. 이는 베트남의 기후 완화 및 적응에 대한 정책적 의지를 보여주는 자연재해 예방·대응·저감 국가 전략2021 및 기후변화 대응 국가 표적 프로그램2008과 같은 국가 이니셔티브를 통해 명확히 드러난다. 이들 정책은 인프라 개선, 조기 경보 시스템 구축, 지역사회 참여 확대 등을 주요 목표로 설정하고 있으며, 전반적으로 홍수 완화 및 적응 역량 강화를 도모하고자 한다. 그러나 호찌민시 내에서는 구역별로 정책의 효과성이 상이하게 나타나고 있으며, 제도적 조정, 재정 집행력, 지역 특성 반영 수준 등에 따라 그 이행 결과에 편차가 존재한다. 이는 국가 차원의 정책이 지방 및 지역 현장과 효과적으로 연계되지 못한다는 구조적 과제를 반영한다.

핵심적인 한계는 정책 실행에 대한 도시 차원의 데이터 부족이다. 예를 들어, 호찌민시 도시 홍수 통제 프로그램 중앙 지휘 센터HCMC Steering Center of the Urban Flood Control Program는 지역 배수 시스템 강화를 위한 다양한 사업을 추진해 왔지만, 관련 보고서에 따르면 사업 착수 후 15년이 지난 시점에도 전체 계획의 약 40%만이 완료된 것으로 나타났다Phi et al., 2015. 이는 재정 부족과 행정 역량의 한계로 인한 결과로, 도시 차원에서의 홍수 완화 프로젝트가 계획 대비 효과적으로 실행되지 못하고 있음을 보여준다. 이러한 실행력 부족은 단지 기술적 문제에 국한되지 않으며, 정책-현장 간의 연결 부재, 행정 효율성, 그리고 지속 가능한 재정 구조의 부재 등 보다 구조적인 거버넌스 문제와 밀접하게 연관되어 있다.

더 나아가, 호찌민시HCMC의 구區 단위 행정 당국과 도시계획 담당자들이 국가 지침을 지역 차원에서 효과적으로 이행하는 책임을 지고 있음에도 불구하고, 구역 간의 격차로 인해 정책의 효과는 불균등하게 나타나고 있다. 예를 들어, 최근 도시화가 급격히 진행된 2군과 7군은 통합적인 홍수 방지 인프라가 부족하여 반복적인 홍수 피해를 겪고 있다. 특히 취약 지역에 위치한 구청 당국은 국가 정책을 지역 맥락에 맞게 조정하기 위한 자원과 데이터가 부족하여, 결과적으로 홍수 완화 조치가 일관성 없이 시행되는 경향을 보이고 있다.

국제 협력의 맥락에서, 다양한 개발 파트너들이 호찌민시의 홍수 관리에 뚜렷한 영향력을 발휘하고 있다. 세계은행World Bank, 일본국제협력기구JICA, 유엔 해비타트UN-Habitat, 글로벌녹색성장연구소GGGI 등은 주로 재정 지원, 정책 옹호, 역량 강화를 통해 베트남의 홍수 회복력 강화를 위한 주요 기여자로 활동해 왔다. 예를 들어, 유엔 해비타트와 글로벌녹색성장연구소가 각각 2012년과 2013년에 공동으로 추진한 녹색성장 도시 개발 전략Green Growth City Development Strategy은 홍수 취약 지역에 녹색 인프라와 지속 가능한 도시 계획 기법을 통합하는 것을 목표로 하였으며, 이는 향후 호찌민시의 홍수 취약 지역에 적용할 수 있는 중요한 정책적 시사점을 제공하고 있다GGGI & UN-Habitat, 2019.

그러나 이러한 국제 협력 기관들의 개입 수준이나 정책적 효과성에 대해서는 관련 문헌이 제한적이기 때문에 명확히 파악되기 어려운 실정이다. 더불어, 2013년 세계은행이 호찌민시에 도입한 강건한 의사 결정Robust Decision Making, RDM 모델은 기후 불확실성 하에서의 유연한 의사 결정을 지원하기 위한 도시 맞춤형 접근 방식으로, 지역 당국의 기후 재난 대응 역량을 강화하는 데 목적이 있다Lempert et al., 2013. 그런데도, 이러한 노력의 효과성을 평가하는 과정에서 도시 차원의 시의적절한 데이터 부족이라는 한계가 지속해서 제기되고 있다. Lempert et al.2013이 지적하듯, "신뢰성 있는 고해상도의 데이터reliable and high-resolution data" 부족은 호찌민시에 보다 지역화된 기후 적응 해법을 제공하는 데 여전히 장애 요소로 작용하고 있다. 이에 따라 국제기구들은 주로 국가 수준의 데이터에 의존하게 되며, 이는 호찌민시의 복잡한 도시 구조에 특화된 전략 수립을 어렵게 만드는 요인이다.

지역사회 기반의 적응 노력은 호찌민시의 홍수 회복력 전략에 일정 부분 기여하고 있으나, 공식 거버넌스 체계 내 통합은 일관되지 못한 실정이다. 최근 연구에 따르면, 가구 단위의 자발적인 홍수 방지 조치household flood proofing와 같은 비공식적 적응 방식은 정부 개입이 제한적인 준도시 및 농촌 지역에서 더욱 두드러지게 나타나고 있다Tu et al., 2024; Nguyen et al., 2020. 이러한 경향은 특히 6군District 6과 냐베Nha Be와 같이 정부의 홍수 구호 프로그램에 대한 접근성이 제한적인 지역에서 두드러지며, 이에 따라 장기적인 적응 지원의 부재가 문제로 지적되고 있다Truong et al., 2022; Pham, 2017. 이는 지역사회 주도의 적응 노력이 지속할 수 있고 제도적으로 뒷받침되기 위해서는 정부-지역사회 간 연계 강화와 공식 정책 체계 내 통합 전략 마련이 필요함을 시사한다.

참여적 계획participatory planning 이니셔티브는 일부 도시 지역에서 일정한 성과를 보이고 있으나, 준도시 지역에서는 여전히 미흡한 수준에 머물고 있다Pham, 2017; Phi et al., 2015. 또한, 여성 주도의 사회적 네트워크와 지역 옹호 단체local advocacy groups는 홍수에 대한 재난 대응 및 위험 소통 과정에서 중요한 역할을 수행하고 있다. 그러나 이러한 노력은 장기적인 회복력 계획 차원에서 제도적 지원이 매우 제한적이며Tran & Downes, 2023; Lempert et al., 2013, 실질적인 정책적 연계가 부족한 실정이다. 따라서 다중 이해관계자 간 협력 체계 강화와 더불어, 지역사회의 참여를 의사 결정 과정에 제도화formalization하는 것이 홍수 회복력 향상에 있어 필수적인 과제로 제기된다. 이는 Vitale와 Meijerink2023가 강조한 바와 같이, 지속 가능한 기후 적응과 재난 회복력 확보를 위해 중요한 정책적 시사점을 제공한다.

결과Outcomes

도시 지역에서의 영향과 결과

호찌민시의 신도시 지역인 2군, 7군, 9군, 12군, 빈떤군, 투득시는 전반적인 도시 개발 측면에서 향상을 이루었으며, 이러한 성장에는 이점과 더불어 홍수 취약성 증가라는 양면적 결과가 수반되었다. 이들 지역은 2000년대 초반 이후 급속한 도시화를 겪으면서 습지를 불투수 지역으로 전환하였고, 이는 전반적인 지표면 유출량을 증가시켜 특히 강우성 홍수 발생 시 침수 현상을 더욱 악화시키는 결과를 초래하였다Ho et al., 2014; Long, 2007.

도시 홍수 통제 프로그램Urban Flood Control Program과 같은 여러 완화 이니셔티브에도 불구하고, 급속한 도시화 속도는 인프라 개발 속도를 앞지르고 있어 해당 지역 다수가 여전히 홍수에 취약한 상태에 놓여 있다. 예를 들어, 1980년대 중반 이후 호찌민시는 총 강우 강도의 기하급수적 증가를 겪고 있으며, 이는 100개 이상의 주요 침수 지점을 통해 관측되었다. 2005년 5월 16일, 127mm의 강우가 발생한 이후에는 월평균 약 20개 지점이 고조 수위로 인해 지속해서 침수 피해가 발생하는 상황이다Ho et al., 2014; Long, 2007. GIS 기반의 예측 결과에 따르면, 특히 2군과 7군을 중심으로 신도시 지역들이 심각한 홍수 피해에 노출되어 있음이 확인되었다Tran, 2014. 기존 도심 지역은 과거에 구축된 홍수 방지 인프라의 혜택을 어느 정도 받지만, 신도시 지역은 조위가 1.5m를 초과하는 경우 적절한 보호 시설이 부족하여 상대적으로 취약성이 더 큰 것으로 나타났다Ho et al., 2014; Long, 2007.

호찌민시의 제1차 종합 개발 계획First Master Plan은 2001년에 수립되어 도시 차원의 하수도 시스템 개선 및 지역 매립지 정비를 목표로 하였으나, 도시 열섬 현상의 심화와 급격한 도시 확장으로 인해 이러한 노력은 상당 부분 상쇄되었다Ho et al., 2014. 예를 들어, 신도시 지역 전반에서 홍수 회복력 확보의 주요 과제는 도시화 속도와 홍수 완화 인프라 개발 간의 불일치이다. 통제되지 않은 도시 확장은 불충분한 배수 시스템으로 이어졌으며Scheiber et al., 2023, 자연 습지를 도시 지역으로 전환한 것은 지표면 유출을 증가시켜 홍수 발생 시 위험을 더욱 악화시키는 요인으로 작용하고 있다. 더 나아가, 향후 인구 증가 예측치에 따르면, 완화 조치가 획기적으로 개선되지 않는 이상 신도시 지역은 향후 수십 년간 지속해서 증가하는 홍수 위험에 직면할 것으로 전망된다Lempert et al., 2013.

준도시 지역에서의 영향과 결과

마찬가지로, 호찌민시의 준도시 지역인 빈짠Binh Chanh, 깐지오Can Gio, 혹몬Hoc Mon, 꾸찌Cu Chi, 냐베Nha Be 등은 저지대 지형과 하천 인접성으로 인해 홍수에 특히 취약하다. 특히 하천을 따라 위치한 지역은 기존의 홍수 방지 인프라의 혜택을 받지 못해 홍수 발생 시 매우 높은 노출 위험에 직면하게 된다. 준도시 지역은 중심 도심 및 도시 지역에 비해 배수 시스템이 불충분하고, 견고한 홍수 대응 인프라도 부족하기 때문에, 집중호우 기간에 훨씬 더 높은 취약성을 보이는 경향이 있다Tran, 2014.

이들 준도시 지역에서의 또 다른 주요 과제는 홍수 위험을 고려한 표적화된 인프라 투자와 포괄적인 홍수 위험 관리 체계의 부재이다. 현재 활용되고 있는 홍수 모델은 예측력과 실효성 모두에서 한계를 보여, 효과적인 홍수 위험 대응이 어려운 상황이다Amaral et al., 2023; Scheiber et al., 2023. 이러한 문제에 대응하고자, 국가 차원의 홍수 회복력 정책인 NDPRM 2020과 NDPRM 2030은 농촌 지역의 회복력 강화를 위한 구조적 및 비구조적 조치를 도입하였다Vietnam Government, 2007; 2021. NDPRM 2020은 주로 인프라 기반 대응에 초점을 맞추었지만, NDPRM 2030은 통합 재난 데이터베이스 구축, 투명한 정책 프레임워크 마련으로 비구조적 조치의 통합을 강화하였다. 그러나 이러한 국가 차원의 회복력 강화 노력에도 불구하고 호찌민시의 농촌 및 준도시 지역은 여전히 심각한 적응 격차adaptation gap에 직면해 있다. 이러한 격차는 주로 국가 전략과 지역의 정책 실행 역량 간의 불일치에서 기인하며, 지역 맥락에 맞춘 정책 조정 및 실행 역량 강화를 위한 제도적 보완이 필요한 상황이다.

지역사회 차원에서는 준도시 주민들의 인식 제고를 위해 홍수 회복력 관련 교육 프로그램이 시행되었다. 이러한 프로그램을 통해 주민들은 홍수 전후의 올바른 폐기물 처리 방법이나 청소 활동에 참여하는 방식 등에 대해 교육받았으며, 이를 통해 기본적인 대응 역량을 높이는 데 기여하였다Anh & Ngoc, 2019; Anh, 2017. 그러나 실제 현장에서는 주민들의 참여 수준에 일관성이 부족한 현상이 관찰되었으며, 이는 지역사회 기반 대응의 지속성과 효과성에 한계를 초래하는 요인이다.

결론

본 연구는 제도 분석 및 개발 프레임워크Institutional Analysis and Development, IAD를 적용하여 호찌민시HCMC의 도시 홍수 회복력을 위한 기후 완화 및 적응 조치의 효과성을 평가하였다. 연구는 외생 변수, 행동 영역, 정책 결과를 중심으로 분석을 수행하였으며, 이를 통해 호찌민시의 홍수 거버넌스를 형성하는 제도적, 사회경제적, 환경적 과제를 도출하였다. 분석 결과, 도시와 농촌 지역 간 회복력 전략의 격차가 뚜렷하게 나타났으며, 도시 지역은 인프라 개선의 혜택을 일부 누리고 있음에도 불구하고, 급속한 도시 확장과 거버넌스의 분절성이 장기적인 지속가능성을 저해하고 있는 것으로 확인되었다.

반면 농촌 지역은 재정 자원의 부족, 취약한 제도적 조정, 그리고 자체적인 회복력 대응에 대한 의존성으로 인해 여전히 높은 취약성을 보인다. 이러한 농촌 지역의 상황은 홍수 피해를 완화하고 복원력을 강화하기 위한 정책적 지원이 절실히 필요함을 보여준다.

베트남 정부는 자연재해 예방 국가 전략National Strategy for Natural Disaster Prevention, 기후변화 대응 국가 표적 프로그램National Target Program to Respond to Climate Change, NDPRM 2020, NDPRM 2030과 같은 이니셔티브를 통해 완화 및 적응 역량 강화를 위한 포괄적 정책 프레임워크를 제시하고 있다. 그러나 이러한 정책이 지방 차원, 특히 호찌민시 내에서 실행되는 과정에서는 여전히 분절적이며 재정적으로 제약을 받는 실정이다. 따라서 본 연구는 재정적 지속가능성, 이해관계자 간 조정, 데이터 접근성 측면에서 정책적 공백이 존재함을 지적하며, 이러한 요소들이 호찌민시의 장기적인 홍수 회복력 전략 수립 능력을 저해하고 있음을 강조한다. 이에 따라 연구는 제도 개혁, 재정 혁신, 그리고 지역 맞춤형 기후 적응 조치를 통합한 적응적이고 지속할 수 있는 홍수 회복력 전략의 필요성을 강조한다. 이는 거버넌스의 분절성을 해소하고 호찌민시의 장기적 홍수 대응력을 확보하기 위한 핵심 과제로 적응형 거버넌스와 지속 가능한 회복력 전략의 필요성을 제시한다.

본 연구는 IAD 프레임워크의 적용을 통해 도시 홍수 회복력에 관한 기존 연구에 추가적인 시사점을 제공함으로써 학문적, 실문적 기여를 확장한다. 기존 연구가 주로 기술적 접근이나 단일 차원의 정책 평가에 집중한 반면, 본 연구는 다양한 거버넌스 구조와 제도적 상호작용이 홍수 대응 전략에 미치는 영향을 체계적으로 규명하고자 하였다. 연구 결과는 호찌민시의 기후 적응 이니셔티브의 효과성을 높이기 위해 제도 간 조정 기능을 개선하고, 재정적 지속 가능성을 확보하는 것의 중요성을 부각한다. 특히, 중앙정부와 지방정부 간의 권한 중첩과 정보 비대칭성이 정책 실행력을 약화시키고 있음을 확인하였다. 이러한 문제들은 정책 설계와 현장 실행 간의 괴리를 초래하며, 이는 장기적인 도시 회복력 전략 수립에 있어 중요한 장애물로 작용하고 있다.

향후 정책적 방향에 있어 본 연구는 세 가지 주요 권고사항을 제시한다. 첫째, 다중 이해관계자 거버넌스 강화 및 제도 간 조정 기능 개선이 요구된다. 이는 국가, 시, 구區 간 홍수 회복력 조치의 정합성을 확보하고, 정책 실행의 일관성을 제고하기 위한 핵심 요소이다. 이를 위해 정부 기관, 연구자, 지역사회가 함께 참여하는 중앙 집중형 홍수 회복력 조정 체계를 구축함으로써, 홍수 대응 노력을 보다 효율적이고 체계적으로 통합할 수 있을 것이다.

둘째, 재정 혁신 메커니즘 도입이 필요하다. 현재 호찌민시는 중앙정부 예산 분배의 이슈로 인해 외국 원조에 크게 의존하고 있는 상황이다. 이를 해결하려면 기후 채권 발행과 같은 새로운 재원 조달 방식을 도입하여 녹색 인프라 프로젝트에 필요한 자금을 확보할 필요가 있다. 또한 공공-민간 협력PPP을 확대하여 민간 부문의 투자를 유치하면 안정적인 재원 확보는 물론, 비상업적 리스크non-commercial risks에 대한 대응 능력을 제고하는 데 기여할 수 있을 것이다.

셋째, 본 연구는 데이터 기반의 통합적 계획 및 적응적 거버넌스 접근법을 채택을 권고한다. 이를 통해 예측 홍수 위험 모델링과 실시간 모니터링 네트워크 구축을 고려할 수 있다. 지리 공간 기술과 조기 경보 시스템을 활용하면 호찌민시가 기후변화로 인한 홍수 위험에 적극적으로 대응하는 능력을 향상하고, 미래의 기후 불확실성에 맞추어 회복력 전략이 유연하게 적응하도록 보장할 수 있을 것이다.

본 연구는 IAD를 사용하여 포괄적인 회복력 평가를 제공하나, 2차 자료 의존성으로 인해 현장 이해관계자의 경험이 반영되지 않았다. 또한, 재정 실행 가능성 측면에서 PPP 모델의 위험 분담 메커니즘에 대한 심층 분석이 필요하다. 향후 연구에서는 현장 기반 사례 연구나 인터뷰를 통해 호찌민시의 맥락적 이해에 기여할 수 있을 것이다. 또한 본 연구는 호찌민시에 초점을 맞추었으나, 향후 연구는 IAD를 개발도상국의 다른 홍수 취약 도시에 적용하여 양자 또는 다자 협력이 필요한 공통적 도전 과제를 규명하여 맞춤형 회복력 지표을 제안하는 방안을 고려할 수 있다.

호찌민시HCMC 맥락에서 제도적·재정적·거버넌스적 도전 과제를 해결하는 것은 적응적 홍수 회복력 전략을 수립하는 데 매우 중요하다. 이러한 전략은 국가 기후 목표를 지원하고, 도시 및 농촌 지역 모두에서 지속 가능한 홍수 완화 및 적응 노력을 촉진하는 데 기여할 수 있다. 따라서 본 연구는 적응적 홍수 회복력 전략의 중요성을 강조하며, IAD가 기후 적응과 관련된 제도적 도전 과제를 다양한 규모에서 분석하는 데 어떻게 기여할 수 있는지를 보여준다. 구조화된 접근 방식은 정책 효과성을 평가하기 위한 견고한 프레임워크를 제공하며, 글로벌 사우스Global South 도시들의 도시 홍수 위험을 다루는 연구자와 정책 입안자들에게 유용한 도구로 작용할 수 있다.

참고문헌

Abdrabo, M. A., & Hassaan, M. A. (2015). An integrated framework for urban resilience to climate change: Case study—Sea level rise impacts on the Nile Delta coastal urban areas. *Urban Climate*, 14(4), 554-565. https://doi.org/10.1016/j.uclim.2015.09.005

Anh, P. T., & Ngoc, N. T. B. (2019). Public participatory role in urban flood risk management of Ho Chi Minh City, Vietnam: From awareness to action. *South Asian Journal of Social Studies and Economics, 4*(4), 1-10. https://doi.org/10.9734/sajsse/2019/v4i430133

Bengtsson, J., Hargreaves, R., & Page, I. C. (2007). Assessment of the need to adapt buildings in New Zealand to the impacts of climate change. *BRANZ Study Report*, 179.

Dharmarathne, G., Waduge, A. O., Bogahawaththa, M., Rathnayake, U., & Meddage, D. P. P. (2024). Adapting cities to the surge: A comprehensive review of climate-induced urban flooding. *Results in Engineering*, 22, 102123. https://doi.org/10.1016/j.rineng.2024.102123

Dieperink, C., Mees, H., Priest, S. J., EK, K., Bruzzone, S., Larrue, C., & Matczak, P. (2018). Managing urban flood resilience as a multilevel governance challenge: An analysis of required multilevel coordination mechanisms. *Ecology and Society, 23*(1). https://www.jstor.org/stable/26799053

Diez, J. R., Leitold, R., Tran, V., & Garschagen, M. (2024). Micro-business participation in collective flood adaptation: Lessons from scenario-based analysis in Ho Chi Minh City, Vietnam. *Natural Hazards and Earth System Sciences, 24*(7), 2425-2440. https://doi.org/10.5194/nhess-24-2425-2024

Downes, N. K., & Storch, H. (2014). Current constraints and future directions for adapted land-use planning practices in the high-density Asian setting of Ho Chi Minh City. *Planning Practice & Research, 29*(3), 220-237. https://doi.org/10.1080/02697459.2014.929835

Duy, P. N., Chapman, L., & Tight, M. (2019). Resilient transport systems to reduce urban vulnerability to floods in emerging-coastal cities: A case study of Ho Chi Minh City, Vietnam. *Travel Behaviour and Society, 15*, 28-43. https://doi.org/10.1016/j.tbs.2018.11.001

Duy, P. N., Chapman, L., Tight, M., Linh, P. N., & Thuong, L. V. (2018). Increasing vulnerability to floods in new development areas: Evidence from Ho Chi Minh City. *International Journal of Climate Change Strategies and Management, 10*(1), 197-212. https://doi.org/10.1108/IJCCSM-12-2016-0169

Francisco, T. H. S., Menezes, O. V. C., Guedes, A. L. A., Maquera, G., Neto, D. C. V., Longo, O. C., Chinelli, C. K., & Soares, C. A. P. (2022). The main challenges for improving urban drainage systems from the perspective of Brazilian professionals. *Infrastructure, 8*(1), 5. https://doi.org/10.3390/infrastructures8010005

GGGI, & UN Habitat. (2019). *Green growth city development strategy for Da Nang*. Retrieved August 2, 2024, from https://unhabitat.org/sites/default/files/documents/2019-05/da_nang_gg_cds_part_1.pdf

GIZ. (2017). *Mekong urban flood resilience and drainage programme (Phase 2 of the flood proofing programme for cities in Vietnam for adaptation to climate change)*. Retrieved October 13, 2024, from https://www.giz.de/en/downloads/giz2018-EN-Flyer-Flood-Resilience.pdf

Givental, E. (2014). The Ho Chi Minh City canals: Assessing vulnerability and resilience factors. *Yearbook of the Association of Pacific Coast Geographers, 76*, 49-56. https://doi.org/10.1353/pcg.2014.0001

Hawchar, L., Naughton, O., Nolan, P., Stewart, M. G., & Ryan, P. C. (2010). A GIS-based framework for high-level climate change risk assessment of critical infrastructure. *Climate Risk Management, 29*, 100235. https://doi.org/10.1016/j.crm.2020.100235

HCMC Steering Center of the Urban Flood Control Program. (2015). *Proposed HCMC flood risk management project.*

Ho, L. P., Nguyen, T., Chau, N. X. Q., & Nguyen, K. D. (2014). Integrated urban flood risk management approach in the context of uncertainties: Case study Ho Chi Minh City. *La Houille Blanche, 6*, 26-33. https://doi.org/10.1051/lhb/2014059

Huong, H. T. L., & Pathirana, A. (2013). Urbanization and climate change impacts on future urban flooding in Can Tho city, Vietnam. *Hydrology and Earth System Sciences, 17*(1), 379-394. https://doi.org/10.5194/hess-17-379-2013

Huynh, L. T. M., & Stringer, L. C. (2018). Multi-scale assessment of social vulnerability to climate change: An empirical study in coastal Vietnam. *Climate Risk Management, 20*, 165-180. https://doi.org/10.1016/j.crm.2018.02.003

Intergovernmental Panel on Climate Change (IPCC). (2023). *AR6 synthesis report: Climate change 2023*. Retrieved from https://www.ipcc.ch/report/ar6/syr/

Kiesling, L. (2024). Using the IAD framework to model the political economy of technological change in a regulated industry: The case of transactive energy. [Doctoral dissertation, Northwestern University]. Retrieved from https://priceschool.usc.edu/wp-content/uploads/2024/10/Kiesling-electriciy-IAD-model-draft.pdf

Kinyanjui, A. (2024). Understanding the complexities of urban flood governance: A case study of Ruiru, Kenya. [Doctoral dissertation, Lund

University]. Retrieved from https://lup.lub.lu.se/student-papers/search/publication/9165390

Law on Natural Disaster Prevention and Control No. 33/2013/QH13 and Decree No. 66/2021/ND-CP. (2019). *Climate change laws of the world*. Retrieved from https://climate-laws.org/document/law-on-natural-disaster-prevention-and-control-no-33-2013-qh13-and-decree-no-66-2021-nd-cp_9d06

Laukkonen, J., Blanco, P. K., Lenhart, J., Keiner, M., Cavric, B., & Kinuthia-Njenga, C. (2009). Combining climate change adaptation and mitigation measures at the local level. *Habitat International, 33*(3), 287-292. https://doi.org/10.1016/j.habitatint.2008.10.003

Lee, S., Iskandar, A., Islam, S., & Siao, T. (2023). Ho Chi Minh City braces for rainy season as progress on flood-control project slows to a trickle. *Canada-ASIA Sustainability Tracker*. Retrieved February 7, 2025, from https://www.asiapacific.ca/sites/default/files/publication-pdf/Insight_SEA_May03_V2.pdf

Lempert, R., Kalra, N., Peyraud, S., Mao, Z., Tan, S. B., Cira, D., & Lotsch, A. (2013). Ensuring robust flood risk management in Ho Chi Minh City. *The World Bank*. https://doi.org/10.1596/1813-9450-6465

Le, L. H., & Pham, A. T. H. (2022). Determinants of environmental financing constraints: A case study from Vietnam. *Environmental Science and Pollution Research*, 29, 81234-81255. https://doi.org/10.1007/s11356-022-21583-2

Lhomme, S., Serre, D., Diab, Y., & Laganier, R. (2013). Analyzing resilience of urban networks: A preliminary step towards more flood-resilient cities. *Natural Hazards and Earth System Sciences, 13*(2), 221-230. https://doi.org/10.5194/nhess-13-221-2013

Li, F., Li, Y., Rubinato, M., Zheng, Y., & Zhou, T. (2024). Risk assessment of urban infrastructure vulnerability to meteorological disasters: A case study of Dongguan, China. *International Journal of Disaster Risk Reduction, 114*, 104943. https://doi.org/10.1016/j.ijdrr.2024.104943

Long, H., & Ho, P. (2007). Climate change and urban flooding in Ho Chi Minh City. *In The Third International Conference on Climate and Water*; September 3-6, 2007, Helsinki, Finland: The Academy of Finland.

Marolla, C. (2024). Urban flood resilience: Risk and business continuity management systems strategic approach. *Journal of Clinical Epidemiology and Public Health, 3*(4), 1-13. https://doi.org/10.33774/coe-2024-rjg0b

Ministry of Natural Resources and Environment. (2008). *National target program to respond to climate change*. Retrieved October 15, 2024, from https://www.ngocentre.org.vn/files/docs/NTP%20English.pdf

Mok, L. (2023). Charting the way forward for sustainable finance talent development. Retrieved March 4, 2025, from https://downloads.waifc.finance/award/Lionel%20Mok%20-%20Charting%20the%20way%20forward%20for%20sustainable%20finance.pdf

Molenveld, A., & Buuren, A. V. (2019). Flood risk and resilience in the Netherlands: In search of an adaptive governance approach. *Water, 11*(12), 2563. https://doi.org/10.3390/w11122563

Moon, H. T., Kim, J. S., Chen, J., Yoon, S. K., & Moon, Y. I. (2024). Mitigating urban flood hazards: Hybrid strategy of structural measures. *International Journal of Disaster Risk Reduction, 108*, 104542. https://doi.org/10.1016/j.ijdrr.2024.104542

Nguyen, T. D. (2012). *PM Decision No. 1474/2012 issuing the National Action Plan on Climate Change 2012-2020*. Retrieved October 3, 2024, from https://cdn.climatepolicyradar.org/navigator/VNM/2012/pm-decision-no-1474-2012-issuing-the-national-action-plan-on-climate-change-2012-

2020_36defa2911ac8e15cb8c21639a021dbc.pdf

Nguyen, M. T., Sebesvari, Z., Souvignet, M., Bachofer, F., Braun, A., Garschagen, M., Schinkel, U., Yang, L. E., Nguyen, L. H. K., Hoschild, V., Assmann, A., & Hagenlocher, M. (2020). Understanding and assessing flood risk in Vietnam: Current status, persisting gaps, and future directions. *Journal of Flood Risk Management, 14*(2), e12689. https://doi.org/10.1111/jfr3.12689

Ngoc, T. D. T., Perset, M., Strady, E., Phan, T. S. H., Vachaud, G., Guertamp, F., & Gratriot, N. (2016). Ho Chi Minh City growing with water-related challenges. In UNESCO & ARCEAU-diF (Eds.), *Water, megacities and global change: Portraits of 15 emblematic cities of the world*(pp. 199-213). UNESCO.

Pham, T. A. (2017). Public awareness and participation in canal environmental protection: Case studies in Ho Chi Minh City, Vietnam. *Journal of Shipping and Ocean Engineering, 7*(3), 121-126. https://doi.org/10.17265/2159-5879/2017.03.005

Phi, H. L., Hermans, L. M., Douven, W. J. A. M., Van Halsema, G. E., & Khan, M. F. (2015). A framework to assess plan implementation maturity with an application to flood management in Vietnam. *Water International, 40*(7), 984-1003. https://doi.org/10.1080/02508060.2015.1101528

Pielke, R. A. (1998). Rethinking the role of adaptation in climate policy. Global *Environmental Change, 8*(2), 159-170. https://doi.org/10.1016/S0959-3780(98)00011-9

Phuong, L. T. H., Biesbroek, G. R., & Wals, A. E. J. (2018). Barriers and enablers to climate change adaptation in hierarchical governance systems: The case of Vietnam. *Journal of Environmental Policy & Planning, 20*(4), 518-532. https://doi.org/10.1080/1523908X.2018.1447366

Polski, M. M., & Ostrom, E. (1999). An institutional framework for policy analysis and design. In D. H. Cole & M. D. McGinnis (Eds.), *Elinor Ostrom and the Bloomington School of political economy: A framework for policy analysis*(pp. 13-47). Lexington Books.

Prashar, N., Lakra, H. S., Shaw, R., & Kaur, H. (2023). Urban flood resilience: A comprehensive review of assessment methods, tools, and techniques to manage disaster. *Progress in Disaster Science, 20*, 100299. https://doi.org/10.1016/j.pdisas.2023.100299

Rasch, R. (2017). Income inequality and urban vulnerability to flood hazard in Brazil. *Social Science Quarterly, 98*(1), 299-325. https://www.jstor.org/stable/26612409. Accessed January 21, 2025.

Rezvani, S. M. H. S., Almeida, N. M. D., & Falcão, M. J. (2023). Climate adaptation measures for enhancing urban resilience. *Building, 13*(9), 2163. https://doi.org/10.3390/buildings13092163

Roggero, M., Bisaro, A., & Villamayor-Tomas, S. (2018). Institutions in the climate adaptation literature: A systematic literature review through the lens of the institutional analysis and development framework. *Journal of Institutional Economics, 14*(3), 423-448. https://doi.org/10.1017/S1744137417000376

Roldán-Valcarce, A., Jato-Espino, D., Manchado, C., Bach, P. M., & Kuller, M. (2023). Vulnerability to urban flooding assessed based on spatial demographic, socio-economic and infrastructure inequalities. *International Journal of Disaster Risk Reduction, 95*, 103894. https://doi.org/10.1016/j.ijdrr.2023.103894

Scheiber, L., David, C. G., Jalloul, M. H., Visscher, J., Nguyen, H. Q., Leitold, R., Diez, J. R., & Schlurmann, T. (2023). Low-regret climate change adaptation in coastal megacities - Evaluating large-scale flood protection and small-scale rainwater detention measures for Ho Chi Minh City, Vietnam. *Natural Hazards and Earth System Sciences, 23*(6), 2333-2347.

https://doi.org/10.5194/nhess-23-2333-2023

Scheiber, L., Jalloul, M. H., Jordan, C., Visscher, J., Nguyen, H. Q., & Schlurmann, T. (2023). The potential of open-access data for flood estimations: Uncovering inundation hotspots in Ho Chi Minh City, Vietnam, through a normalized flood severity index. *Natural Hazards and Earth System Sciences, 23*(6), 2313-2302. https://doi.org/10.5194/nhess-2022-238

Scussolini, P., Tran, T. V. T., Koks, E., Diaz-Loaiza, A., Ho, P. H., & Lasage, R. (2017). Adaptation to sea level rise: A multidisciplinary analysis for Ho Chi Minh City, Vietnam. *Water Resources Research, 53*(12), 10841-10857. https://doi.org/10.1002/2017WR021344

Storch, H., Downes, N., Norra, S., Schlicher, N., Rauch, S., & Morrison, G. (2013). Strategic land-use planning in a changing climate—Adapting to the spatial dynamics of risk in Ho Chi Minh City. In S. Rauch, G. Morrison, S. Norra, & N.
Schleicher (Eds.), *Urban environment*(pp. 399-409). Springer Netherlands. https://doi.org/10.1007/978-94-007-7756-9_35

Tran, H. K., & Downes, N. K. (2023). Narratives of women's resilience to flood risks in Ho Chi Minh City, Vietnam. *Environment and Urbanization ASIA, 14*(1), 90-103. https://doi.org/10.1177/09754253231168693

Tran, T. N. (2014). *Improvement of flood risk assessment under climate change in Ho Chi Minh City with GIS applications*[Doctoral dissertation, Brandenburg University of Technology].

Truong, D. D., Dat, T. T., Hang, N. D., & Huan, L. H. (2022). Vulnerability assessment of climate change in Vietnam: A case study of Binh Chanh District, Ho Chi Minh City. *Frontiers in Environmental Science, 10*, 880254. https://doi.org/10.3389/fenvs.2022.880254

Tu, J., Reimuth, A., Sairam, N., Kreibich, H., Katzschner, A., Downes, N. K.,

& Garschagen, M. (2024). Profiling households through a combined vulnerability and flood exposure index in Ho Chi Minh City, Vietnam. *International Journal of Disaster Risk Reduction, 115*, 105016. https://doi.org/10.1016/j.ijdrr.2024.105016

Tanir, T., Yildirim, E., Ferreira, C. M., & Demir, I. (2023). Social vulnerability and climate risk assessment for agricultural communities in the United States. *The Science of The Total Environment, 908*, 168346. https://doi.org/10.1016/j.scitotenv.2023.168346

Vachaud, G. (2019). Flood-related risks in Ho Chi Minh City and ways of mitigation. *Journal of Hydrology, 573*, 1021-1027. https://doi.org/10.1016/j.jhydrol.2018.02.044

Vietnam Government. (2007). *Vietnam: National strategy for natural disaster prevention, response and mitigation to 2020*. Retrieved September 12, 2024, from https://www.preventionweb.net/media/60915/download?startDownload=20241028

Vietnam Government. (2021). *Vietnam: National strategy on natural disaster prevention, response and mitigation to 2030, vision to 2050*. Retrieved from https://phongchongthientai.mard.gov.vn/FileUpload/2021-03/sxA8D7a9NUeECCw-QD%20379%20Chien%20luoc%20QG%20PCTT.pdf

Vitale, C., & Meijerink, S. (2023). Flood risk policies in Italy: A longitudinal institutional analysis of continuity and change. *International Journal of Water Resources Development, 39*(2), 211-235. https://doi.org/10.1080/07900627.2021.1985972

Wehbe, C., & Baroud, H. (2024). Limitations and considerations of using composite indicators to measure vulnerability to natural hazards. *Scientific Reports, 14*(1). https://doi.org/10.1038/s41598-024-68060-z

Wu, C. F., Chen, S. H., Cheng, C. W., & Trac, L. V. T. (2021). Climate justice planning in the global South: Applying a coupled nature-human flood risk assessment framework in a case for Ho Chi Minh City, Vietnam. *Water, 13*(15). https://doi.org/10.3390/w13152021

Yoon, E., & Lee, J. (2024). A study on a green infrastructure evaluation system for enhancing urban climate resilience to heavy rainfall (in Korean with English abstract). *Journal of Climate Change Research, 15*(4), 551-563. https://doi.org/10.15531/KSCCR.2024.15.4.55

• 김서영

김서영은 홍콩대학교 지리학과를 졸업하고, 서울대학교 국제대학원 석사과정에 재학 중이다. 주요 관심 분야는 환경과 지속가능발전, 그리고 국제개발이다.

(연락처: seoyoung1108@snu.ac.kr)

• 윤세미

윤세미는 콜롬비아대학교에서 경제학 학사와 지속가능발전 박사학위를 취득했으며, 현재 서울대학교 국제대학원에서 조교수로 재직하고 있다. 주요 관심 분야는 지속가능발전을 위한 과학·기술·혁신, 환경경제학, 개발학이다.

(연락처: semee@snu.ac.kr)

국제지역과 개발의 다학제적 연구 총서 I

환경과 보건 기후·환경 거버넌스와 회복력

초판 1쇄 인쇄 2025년 12월 19일
초판 1쇄 발행 2025년 12월 26일

지 은 이 서울대학교 국제대학원 BK21 교육연구단

발 행 인 한정희
발 행 처 경인문화사
편 집 김한별 김지선 한주연 양은경 정효민
마 케 팅 하재일 유인순
출판번호 제406-1973-000003호
주 소 경기도 파주시 회동길 445-1 경인빌딩 B동 4층
전 화 031-955-9300 팩스 031-955-9310
홈페이지 www.kyunginp.co.kr
이 메 일 kyungin@kyunginp.co.kr

ISBN 978-89-499-6905-3 94300
ISBN 978-89-499-6904-6 94300(세트)
값 15,500원